CEO가
알아야 할 일본인 12명

CEO가
알아야 할 일본인 12명

노대현 글 | 최서영 그림

저자 노대현 씨는 내가 주일본 한국 대사관에 근무할 때 도쿄에서 인연을 맺었던 분으로, 당시에도 일본의 역사와 문화에 대한 관심이 각별했다. 그의 지속적 관심이 결국 이 책을 낳았다. 축하할 일이다.

두루 알다시피, 한국과 일본은 불편한 역사적 경험을 사이에 두고 반목과 협력의 관계를 널뛰듯 오가고 있다.

미래 지향적 동반자 관계를 외교적으로 천명한다 하여도 상흔을 건드리는 일각의 돌발 행동은 너무도 쉽게 즉각적인 갈등을 초래하고 만다. 이토록 허박하고 미묘한 한일 관계로 인해 서로에 대한 깊이 있는 이해의 노력이 상대적으로 부족했던 게 사실이다.

허나, 얄궂은 관계의 상대로부터도 배울 점은 있는 법이다.

저자는 일본 역사 속에서 한 시대를 풍미했던 12명의 인물들을 섬세한 관찰자의 시선으로 살피며, 현대를 사는 우리들에게 이웃 나라의 역사적 지혜를 통찰력 있는 식견으로 풀어 내고 있다.

메이지 시대를 열고 본격적인 근대 국가로서의 체제 변혁을 도모했던 사카모토 료마, 이토 히로부미, 사이고 다카모리 등의 행적을 저자의 사려 깊은 안내를 따라 좇다 보면, 봉건의 잔재를 갓 벗어난 일본이 열강의 대열에 그토록 빠르게 합류할 수 있었던 이유를 짐작할 수 있을 듯하다.

한편, 당대 걸출한 행정가이자 경영자였던 우에스기 요잔, 시부사와 에이치, 마쓰시타 고노스케, 야마모토 이소로쿠 등의 활약상은 최근 미국발 금융 위기를 맞아 역경에 처한 우리 기업인이나 직장인들이 위기 극복의 전략을 마련하고 난국을 헤쳐 나가는 기지를 발휘하는 데 적지 않은 도움을 주리라 생각한다.

일본을 보다 명징하고 심도 있게 이해하고픈 일반인과 현지에서의 비즈니스를 계획하고 있는 독자들에게도 유익한 참고가 될 것으로 여기며, 일독을 권한다.

2009년 5월
우석 대학교 총장 라종일

정초에 한반도 남부 지방에서 날린 연이 가끔 히로시마의 산요山陽 지방까지 날아간다. 한일 양국은 지리적으로는 옷자락 넓이의 거리—衣帶水 만큼이나 아주 가까운 나라라고 한다. 그러나 이웃 나라로서 역사적으로 이런 저런 이해 관계가 상충한 탓인지, 심리적으로는 멀고도 먼 나라라는 느낌을 가지고 있다. 그만큼 한일 양국은 지리적인 숙명을 안은 채 오랜 옛날부터 밉든 곱든 이웃집과 같은 존재였다.

그런데, 역사적으로 이웃집 일본은 임진왜란과 일제 식민 시대와 같이 평화로운 우리나라를 넘보는 경우가 가끔 있었고, 현대에도 이따금 일본의 일부 지도급 인사들의 도발적 언행으로 우리 국민들의 일본에 대한 시각은 신뢰하기 어려운 이웃으로 보는 분위기가 없지 않다.

그러나 1965년 6월 한일 수교 이후, 당시 1년 동안에 1만 명에 불과했던 양국의 왕래자가 이제는 하루에만 1만 3,000여 명에 이르는 등 연간 500만 명을 바라보는 시대에 접어들었다.

필자는 13년 전 1년간의 국립 나고야 대학에서의 연수 경험과 최근 3년간 도쿄에서 근무 중 일선 현장을 누비면서 일본에 대한 의문을 갖게 되었다.

자원도 없는데다 국토와 인구마저 강대국의 조건을 갖추지 못한 상황에서 어떻게 '세계 GDP의 1할 국가'(1980년대 후반에는 1.5할 국가론까지 대두)라는 선진국이 되었는가 하는 점이었다.

150년 전 일본은 함대와 대포로 무장한 서구 열강의 개방 요구로 생존의 위협에 직면했었다. 그러나 낡은 제도를 버리고 다가올 신시대의 조류에 맞는 과감한 개방 정책과 식산 흥업으로 위기를 기회로 만들었다.

마침내 일본은 아시아 국가로는 처음으로 서방 강대국들의 핍박으로부터 벗어나 현대화를 실현하고 러 일 전쟁 승리 후 제국주의 열강의 대열에 합류하게 된다.

현재 세계 60번째의 작은 국토 면적을 가진 섬나라 일본은 세계 2위의 경제 대국의 자리를 굳건히 지키고 있다. 열강의 틈바구니에서 몸부림치던 약소국에서 세계의 주역으로 부상하기까지 폭풍우의 격랑과 같은 섬나라의 운명을 주도한 힘은 과연 무엇이었을까?

일본을 부강하게 만들었던 여러 가지 이유가 있을 것이나, 필자는 메이지 유신(1868년) 이후 하급 사무라이들이 중심이 된 소수 엘리트들에 의한 톱다운 방식의 국가 운영 전략과 그 후 근대 국가로 발전시켰던 다양한 인물 군에서 찾으려고 했다.

우선 우리나라의 조선 시대에 해당되는 전국 시대와 270년간의 에도

막부를 개창했던 오다 노부나가織田信長, 도요토미 히데요시豊臣秀吉, 도쿠가와 이에야스德川家康 등 3인을 들 수 있다.

이들 3인은 450년 전의 인물임에도 아직도 일본인의 행동 양식이나 기업 CEO의 경영을 비롯하여 샐러리맨들의 직장 생활에서 귀감이 되는 등 현대 일본 사회에 미치는 영향력이 지대하다.

에도막부에서 사회적 다양성과 제도적인 인프라가 어느 정도 구비되었기에, 막부 말기의 하급 사무라이들이 개혁·개방을 외치면서 서구 열강의 지식을 습득하고 서구를 따라 잡겠다는 목표를 세웠던 메이지 시대 이후의 근대화가 가능했다는 것이 일반적인 통설이다.

다음으로 국수주의적 우익 사상과 메이지 유신을 성공시킨 주역들을 양성했으나 젊은 나이에 처형된, 요시다 쇼인吉田松陰, 미국 태평양 관할 함대 사령관 페리 제독의 개항 요구 등 서세 동점의 격동기에 정치 변혁의 기반을 마련한 후 자객의 칼에 쓰러진, 사카모토 료마坂本龍馬, 물리력을 동원하여 사실상 메이지 유신을 완성시켰으면서도 반역의 길을 걸을 수밖에 없었던 라스트 사무라이, 사이고 다카모리西郷隆盛를 들었다.

그리고 근대 일본국 헌법을 기초하고 최초로 수상에 오른 이후 네 번이나 역임했던, 이토 히로부미伊藤博文, 에도막부 말기 동북 지방의 산간 벽지인 요네자와 번의 영주로 부임하여 피폐한 재정 개혁을 성공시킨, 우에스기 요잔上杉鷹山, 서양의 은행 제도를 도입하고 500여 개에 이르는 기업을 창업했던 일본 자본주의 아버지, 시부사와 에이이치渋澤榮一, 지난 1960~80년대 고도 성장기를 이끌었던 마쓰시타 전기 그룹의 창립자이자 '경영의 신'이라고 불리는, 마쓰시타 고노스케松下幸之助, 패전 후 실의에 빠진 일본 국민들에게 희망과 자존을 일깨워 주었던 노벨 물리학 상 수상자, 유카와 히데키湯川秀樹, 이길 수 없는 미국과의 전쟁에 반대했으면서도 하와이 진주만을 기습해야 했던 불운의 해군 제독, 야마모토 이소로쿠山本五十六 등 시대를 상징했던 인물들을 통해서 일본의 선진화 구축 과정과 국가의 품격을 높인 이들의 모습을 살펴보고자 했다.

　메이지 유신 이후 소수 엘리트 그룹에 의해 근대 국가 체제가 정비되고 현대의 기업가들에 의해 자본주의로 이행하는 인프라를 갖춤으로써 일본은 서부 유럽과 미국을 제외한 나라 중에서 가장 먼저 근대화에 성공하였고, 이를 발전시켜 세계 2위의 경제 대국으로 발돋움할 수 있었다.

그런데, 이들 12명의 인물 가운데는 우리에게 좋지 않은 이미지로 낯설지 않은 인물들도 적지 않다. 임진왜란을 일으킨 도요토미 히데요시, 정한론을 주장했던 사이고 다카모리, 대한 제국의 병탄에 앞장섰던 이토 히로부미 등이 그들이다.

그러나 아쉽게도 대다수 우리 국민들의 이토 히로부미에 대한 지식은 '안중근 의사에게 피살된 일본 정치인'의 수준에 머물러 있는 경우가 적지 않을 것이다. 여타 인물들에 대해서도 별반 다르지 않으리라고 생각한다.

필자는 국민 감정적인 차원에서 이들을 보지 않고 양국 간의 중립적이고 객관적인 시각에서 상대를 있는 그대로의 등신대等身大로 파악하려고 노력하였다.

현재의 한일 관계를 비롯한 국제 정세는 냉철한 시각이 요구되고 있으며 국가의 안보와 이익을 최우선하면서 바라보아야 한다는 생각이다. 프로이센의 철혈 재상 비스마르크의 말과 같이, 국제 사회에서는 영원한 적도, 영원한 우방도 없기 때문이다.

정치가 · 행정가 · 기업가 · 군인 등 다양한 인물 군을 통해 우리 경영인들에게 이웃 나라의 발전의 원동력은 사람에게 있으며, 여기에서 제시한 인물들이 고비마다 역사의 수레 바퀴를 이끌어 온 인물들로서, 현대의 기업을 경영하는데 온고이지신溫故而知新이라는 의미에서 나침반의 역할이 조금이라도 되었으면 하는 바람이다.

왜냐하면, 이들 등장 인물들의 판단과 행동은 현재 우리 경영자들이 안고 있는 문제와 조직 운영 등에 관해 참고할 수 있는 부분이 적지 않기 때문이다.

아울러, 필자의 작은 수고가 독자들에게 오늘날의 일본인과 일본이라는 나라를 이해하는 데 길잡이로서 작은 보탬이 되었으면 하는 기대도 적지 않다.

끝으로 이 원고를 집필하던 2년 6개월여 동안 주말에도 묵묵히 옆에서 지켜보면서 용기를 주었던 아내와 두 아들(순영, 순택)에게 감사하며, 기꺼이 출판을 맡아 준 21세기 북스의 김영곤 사장님과 임병주 · 강근원 실장님 그리고 원고 교정에 애써 주신 임정량 님께 각별한 고마움을 전하고 싶다.

2009년 신록의 향기를 느끼며, 죽전에서
노대현

▌차례

12

변하라
바뀌지 않으면 이룰 수 없다

오다 노부나가(織田信長)

오다 노부나가(織田信長, 1534. 6. 23~1582. 6. 21) 일본 전국戰國시대의 무장武將

기존 질서의 파괴 위에
새로운 혁신의 장을 열다

삼성전자 CEO(상임 고문) 윤종용 씨는 디지털 시대의 경영인이 반드시 갖춰야 할 자질로 다음 11가지를 들었다.

위기 의식, 통찰력과 선견력, 강력한 리더쉽, 인재 발굴, 솔선 수범, 계수에 밝을 것, 꿈과 비전 목표를 갖을 것, 창의적이고 도전적일 것, 스피드, 신뢰, 국제 감각 등을 지닐 것.

이 책에서 차례로 언급할 'CEO가 알아야 할 일본인 12명' 중에서 이 11가지 자질을 모두 갖춘 인물을 들라면 그가 바로 '오다 노부나가織田信長'이다. 조선을 침략한 도요토미 히데요시豊臣秀吉도, 에도막부를 연 도쿠가와 이에야스 德川家康도 만약 노부나가라는 인물이 없었다면 둘 다 그 존재 자체가 무의미했을 정도로 노부나가의 영향력은 대단한 것이다.

400년 전에 펼쳤던 노부나가의 혁신적인 발상들이 지금에 와서 현대를 이끌어 갈 국가 지도자 및 기업 CEO들의 덕목으로 자주 거론되고 있는데, 이 점만 봐도 시대를 앞서 가는 그의 선견지명과 지도자로서의 능력은 가히 천재적이라고 할 수 있다.

노부나가를 단적으로 설명해 주는 이야기가 있다.

"울어야 할 두견새가 울지 않을 경우, 노부나가라면 어떻게 할 것인가?"라는 질문에 일본 사람들은 누구나 다음과 같이 대답한다.

"울지 않는 새는 새가 아니므로 죽여 버린다."

바로 이런 노부나가의 불같은 성격은 상황을 인식하는 빠른 판단력과 강력한 리더쉽의 표현이고, 노부나가의 빠른 판단력에 기인한 혁명의 속도전은 결국 그의 인생도 속도전으로 끝내는 결과를 가져왔다. 그러나 노부나가는 자기가 이룬 혁명의 결과도 보지 못하고 49세의 젊은 나이에 생을 마감한 특이한 인물이기도 하다.

일본 열도는 15세기 후반 150여 년간에 걸쳐 피로 피를 씻는 전국 시대가 펼쳐졌다. 이때는 군웅이 할거하여 패권을 다투는 하극상의 시대였으며, 강자의 지배 논리에 의해서 강한 자만이 살아남아 중앙의 정치 권력을 좌우하던 시기였다. 이런 전국 시대로부터 100여 년이 지난 시점에 나고야 시 북쪽의 오와리尾張 지방에서 훗날 '시대의 이단아'라고 불리우며 천하 통일의 야망을 펼친 오다 노부나가(織田信長,1534~1582)가 등장한다.

과거 봉건 영주인 다이묘大名를 받드는 가로家老에 지나지 않았던 오다 가문에서 아버지 오다 노부히데織田信秀가 전염병으로 42세(1551년)에 사망하자, 18세의 적자인 노부나가는 동생 노부유키信行를 옹립하려는 일파와의 권력 투쟁을 통해 가계를 이어받았다. 이후 일본의 통일을 목표로 전국을 균일하게 통치하겠다는 천하 포무天下布武의 뜻을 갖고 일본 평정에 나선다.

"왜 저희 집들을 불태웠습니까?"
오와리尾張의 무사들은 노부나가에게 항의했다.
"내가 성城을 자꾸 옮기는 것은 그렇게 하는 걸 좋아하기 때문이 아니다. 천하 통일의 사업을 시작하기 위해서는, 언제까지나 같은 거점에 자리 잡고 있어서는 아무것도 이룰 수 없다고 생각했기 때문이다. 이 이념을 너희도 잘 알아 두어라.
가족 모두를 이곳 기후岐阜로 데리고 오라고 한 것은, 그렇게 함으로써 너희들과 너희 가족들이 가지고 있는 잇쇼켄메이—所懸命, 즉 한 곳에 머물려는 의식을 개혁하기 위해서다. 그럼에도 불구하고 너희는 나의 참뜻을 이해하지 못하고 가족들을 아직도 과거의 터전이었던 오와리尾張에 두고 왔다. 이건 결국 너희들 자신도 틀림없이 언젠가 기회가 있으면 다시 오와리로 돌아갈 것이라고 생각하고 있음을 말하는 것이다. 하지만 그런 일은 절대 없을 것이다. 오와리로는 두 번 다시 돌아가지 않을 것이다.
나는 앞으로도 필요에 따라서 거점을 바꿀 것이다. 그러니 기후岐阜로 가족들을 불렀다고 해서 이곳 기후岐阜에 영주하게 될 것이라고도 생각하지 말아라. 같은 장소에 머문다는 정신을 깨부수지 않는 한 내 사업은 성공할 수 없다."

부하들은 힘없이 고개를 떨궜다. 그제서야 비로소 노부나가의 참뜻을 이해할 수 있었기 때문이다.

– 『오다 노부나가(파괴와 창조 · 혁신의 리더)』, 도몬 후유지 지음, 문예춘추사 –

오와리에서 일본의 중앙으로 진출하면서 그는 중심지마저도 옮길 정도로 과거에 안주하지 않았다. 노부나가에게는 앞으로 나가는 것만이 있을 뿐이었다. 그에게 있어 안주는 바로 죽음이었다. 자신만이 아니라 자신의 군사들마저도 그 대열에서 벗어나길 원하지 않았다. 어찌 보면 오부나가는 정치가적인 정신보다 기업가적인 정신이 더 강했는지도 모른다. 하지만 노부나가는 경제가 아닌 정치에서의 성공을 고민하고 있었고, 그 성공을 향해 나아가기 위해서 가장 필요한 것이 무엇인지를 창조적으로 고민한 사람 중 한 사람이다.

비단 거주지뿐만이 아니다. 그의 정치는 그저 정치로 끝나는 것이 아니라 국민의 경제 진흥과 정치의 통일이라는 큰 뜻을 담고 있었기에 구체적인 방안들도 선진적일 수밖에 없었다. 그래서 그의 이름 앞에는 항상 파괴와 혁신이라는 단어가 쫓아다니는 지도 모른다.

노부나가가 기존의 질서를 파괴하면서 새로운 혁신의 장을 열었던 사례는 무수히 많다. 그의 인생 자체가 그러했기 때문이다. 적장 사이토 도산齊藤道三의 딸 노히메濃姬를 아내로 삼을 때도 그는 두려워하거나 주저하지 않고 도리어 아내를 장인의 편에서 자기편으로 끌어들인

다. 물론 노히메 역시 노부나가의 야망과 꿈을 놓치지 않고 알아 주었기에 가능했는지도 모르지만, 적어도 노부나가에게는 노히메를 자신의 아버지까지도 버리고 따라오게 할 정도로 사람을 끌어들이는 매력이 있었으니 그게 바로 '변화'였다.

자신에게 반해가고 있는 아내에게 그는 무의식중에 변화의 의미를 가르치고 있었던 것이다. 그런데 진정으로 변화하기 위해서는 반드시 거쳐야 하는 것이 있다. 바로 위기 의식이다. 절대로 현재에 머무르거나 안주하지 않고 위기 의식을 느끼며 항상 긴장하게 하는 힘이 그를 역사의 한 중앙에 세워 놓은 것이다.

변화의 코드로 시대를 앞서가다

　　노부나가는 1575년 그의 나이 41세 때, 나가시노長篠 전투에서 일본의 전투 역사상 처음으로 대규모 총기를 사용한다. 당시 천하 무적의 기마 군단으로 이름이 높았던 다케다武田 군을 섬멸하는 데 연발 형식의 소총을 사용한 것이 큰 효과를 발휘한 것이다. 나가시노 전투는 전투 방법상 소총이 창·칼·화살 등 재래식 병기를 제압했던 혁명적인 전투로 세계의 전쟁사에서 기록되고 있다.

　　다케다 신겐武田信玄의 사후, 20대의 혈기 왕성한 신겐의 아들 다케다 가츠요리武田勝賴는 나가시노 전투에서의 패배를 만회하고자 1575년 4월 2만 7,000명의 병력을 거느리고 도쿠가와 이에야스의 영지인 하마마츠浜松 성의 관문 나가시노長篠 성을 포위했다. 나가시노 지역은 시나노의 이나다니伊那谷에서 미카와의 도요카와豊川 유역으로 통하는 요충지에 해당한다.

　다급해진 이에야스의 거듭된 지원 요청을 받은 노부나가는 아예 이번 기회에 다케다 군을 끝장내겠다는 각오로 같은 해 5월 13일에 직접 3만 명의 구원병을 이끌고 출정했는데, 그 중에는 3,500명의 소총 부대가 편성되어 있었다. 5월 21일 나가시노 벌판에서 다케다 군과 노부나가 – 이에야스 연합군이 진을 치고 대결하였으나, 구식 무기로 무장한 다케다 군이 아무리 용맹하다해도 신무기인 소총의 화력 앞에서는 적수가 되지 못했다.

　노부나가는 기마 군단을 막기 위해 앞에 울타리를 치고 잘 훈련된 단발의 소총수를 1,000명씩 3단으로 나누어 배치하는 전법으로 다케다 측이 자랑하는 기마 군단을 단숨에 괴멸시켜 사상자가 2만 명에 가까웠을 정도로 손실이 컸다. 다케다 가문의 가츠요리는 역전의 용사들을 잃은 탓에 그 후 얼마 되지 않아 1582년 3월 멸망했다.

　여기서 우리가 주목해야 할 점은 노부나가가 전투에서 승리했다는 점이 아니라 당시에는 파격적이었던, 그가 구사했던 소총 부대의 전법이다. 소총 부대를 3단으로 배치하여 첫 번째인 앞줄의 병사가 총을 발사한 후 뒤로 물러나면 그 동안 심지에 불을 붙인 두 번째 줄의 병사가 발사하고, 그 사이 첫 번째 줄의 병사들은 탄약을 장전했다. 그리고 이어서 세 번째 줄의 병사들이 발사했다. 그러면 첫째 줄의 병사들이 다시 발사 준비를 끝내고 기다리는 방식으로 연속 발사가 가능했던 것이다. 아무리 숙련된 병사라 할지라도 총구를 청소하고 화약 장전과 총알을 삽입한 후 심지에 불을 붙여서 발사하기까지는 20초 정도가 걸렸기 때문에 연속 발사가 불가능했던 점에 착안해 연속 발사가 가능하도록 소총 부대를 3단으로 배치한 그의 기막힌 전술은 소총이 뛰어난 무기라는 점에 만족하고 거기서 안주하지 않았으며 끊임없이 더 좋은 상태로 나아가려는 노부나가의 변화의 코드가 여실히 반영된 일례라고 할 수 있다.

이러한 소총 부대의 운용 전술도 1년 후에는 더욱 개량되어 다시 한 번 변화하게 된다. 1576년 여름 오사카의 혼간지(本願寺, 지금의 오사카 성) 포위전에서 노부나가는 다리에 총상을 입게 되는데 그 이유는 승려 집단인 잇기 세력들의 소총 운용술이 뛰어났기 때문이었다. 노부나가 군은 단발의 소총을 발사 후 뒤로 물러나는데 반해, 잇기 세력들은 한명의 저격병에 수명이 달라붙어 소총 1문 당 두어 명이 탄환을 넣어 줌으로써 발사 효율을 높이고 있었다. 나중에 노부나가 군은 바로 이 적군의 전법마저 익히게 된다.

창조는 모방에서 시작된다고 했다. 최초의 대량 총기 사용에서 연속 발사까지 준비한 그가 다시 혼간지의 승려 집단과의 싸움에서 발견한 연발 발사의 효율성을 인정하고 그 자리에서 바로 적군의 방법마저 취하는 태도에서 그의 사고의 중심은 항상 더 나은 것으로 나아가려는 변화에 있음을 잘 보여 주고 있다.

군사들의 수에 따라 전쟁에서의 승리를 점치던 시대에 노부나가가 준비한 또 하나의 변화가 있다. 상대방에 대한 정보뿐만 아니라 그날의 날씨와 적군의 군사 전개 상황까지 활용하여 대군을 무찌른 역사에 남는 사건이었다.

약관 26세(1560년)의 노부나가는 오와리 지방을 관할하는 작은 영주인 다이묘에 불과했다. 그러나 이마가와 요시모토今川義本는 일본 동쪽의 츠루가駿河 지방(지금의 시즈오카 현)의 다이묘로서 당시로선 가장 많은 군대를 동원할 수 있었다. 그런데 바로 이 요시모토 대군과 맞붙어 기습공격을 감행해 요시모토의 목을 벰으로써 천하를 놀라게 하고 노부나가라는 이름을 역사에 각인시키는 일이 일어났다.

당시 츠루가駿河·토오미遠江·미카와三河 등 가장 큰 영지인 3개 지방을 가지고 있던 이마가와 가家의 요시모토는 1560년 봄이 찾아오자 교토로 진출하기 위해 3만 명 이상의 상경군을 이끌고 서쪽으로 진군을 시작했다.(당시 다이묘들 사이에는 교토로 상경하여 천황을 자기편으로 끌어들이는 자가 천하를 얻는다는 상징성이 있었다.)

요시모토가 이끄는 군대가 교토로 상경하기 위해서는 반드시 노부나가가 지키고 있는 오와리 지방을 통과해야 하므로, 이마가와 가家와 오다 가家 간의 싸움은 불가피했다. 노부나가는 고작 5,000명의 군대를 동원하여 3만 명의 대군을 막는다는 전략을 마련하고 전투 채비를 갖추었다. 그러나 적군인 요시모토의 대군대가 쳐들어오고 있는데도 정작 노부나가는 나서서 싸울 생각을 하지 않았고, 심지어 낮잠까지 즐기면서 주변의 군신들을 안타깝게 했다. 더구나 결전의 그날은 날씨가 무더워 부하들에게 입고 있던 갑옷까지 벗고 시원하게 쉬고 있으라고 할 정도였으니 군신들은 그저 기가 막힐 뿐이었다.

그러나 노부나가는 진격로의 주변에 상인·승려 등으로 위장한 정보망을 풀어 놓고 요시모토 군의 동정을 인내심을 가지고 살피고 있었다.

5월 19일 새벽부터 이슬비가 내리기 시작했다. 요시모토 군의 본진은 오케 계곡에서, 요시모토 자신은 덴가쿠 계곡에서 느긋하게 휴식을 취하면서 점심을 먹을 것이라는 정보를 입수했다.

노부나가는 전광 석화와 같이 별동대 2,000명을 이끌고 덴카쿠 계곡의 뒷산을 돌아 적장이 있는 중앙 본진을 기습하여 요시모토의 목을 베어 버렸다. 때마침 하늘은 어두워지면서 빗줄기가 쏟아지고 있어서 요시모토 군이 적의 기습을 알아차리기는 거의 불가능했다. 노부나가는 요시모토 군이 도카이도東海道의 협로를 지날 때 측면에서 적진을 공격해야겠다는 기습 전략을 생각한 것이다. 불과 2,000~3,000명의 병사를 가지고 3만 여명의 요시모토 군과 맞서 싸운다는 것은 현실적으로는 중과 부적이었다. 그러나 기습 기회가 왔을 때, 노부나가 자신이 말을 몰아 적진을 향해 달리는 적극적이고 과감한 솔선 수범의 모습을 보여 주었기에 승리할 수 있었다. 또한, 일단 적장의 목을 벤 후에는 바로 퇴각함으로써 전투에서 가장 중요한 군사들의 손실을 최소화한다는 것이 그의 또 다른 전략이었다.

쌀 수확이 곧 군사력을 의미했던 당시에 요시모토가 지배하는 영토는 120만 석의 쌀이 수확되었으나, 노부나가가 수확할 수 있는 것은 불과 20만 석에 불과했다. 다윗과 골리앗의 싸움과 같이 군사의 수적으로나, 군사력으로나 전력상 비교가 될 수 없었지만 아무도 생각하지 못했던 노부나가만의 치밀한 정보 수집과 기습 전략에 기초하여 성공을 거둘 수 있었다. 이렇듯 노부나가가 전투에 임할 때 가장 중시한 것은 단순한 병력이 아니라 정확한 정보의 분석이었다. 전투에서의 승부는 정보가 50% 이상을 차지한다는 철저한 정보 전략으로 일관했다. 혁신을 이루기 위해서는 과거의 구태 의연한 질서를 파괴해야 한다. 군사의 수에 얽매이지 않고 자신만의 준비된 정보력으로 새로운 전쟁의 장을 연 것이다. 그가 바로 혁신의 귀재, 변화의 달인 노부나가였다.

노부나가의 발상과 행동은 항상 파격적이었으며 상상을 초월했다. 그리고 빨랐다. 새로운 일을 펼쳤나 싶으면 어느새 그 다음 단계에서 행동을 하고 있었다. 평범한 사람이 생각할 수 없는 것을 실행하기까지 그는 잠시도 한 곳에 머물지 않고 늘 생각하고 행동하고 변화했다.

노부나가가 태어난 곳, 아이치 현 나고야 시 인근의 오와리 지방은 작은 영지에 불과했다. 따라서 농업보다는 기소가와木曾川와 이세완伊勢灣의 주운舟運으로부터 발생하는 경제적 수입에 기반한 시스템을 구축하였다. 일본에 철포인 화승총이 전래된 지 32년이 지난 후에 치러진 나가시노 전투에서 승리하게 된 원동력인 화승총과 화약을 대량으로 구입한 것도 풍부한 경제력을 가지고 있었기에 가능했다. 이러한 경제적 기반을 구축한데는, 교토·오사카 등 정치와 경제의 중심지였던 긴키近畿 지방으로 통하던 길목에 아즈지 성安土城을 건설하여 상업 유통의 경제를 장려한 데 기인했다.

다른 다이묘大名들은 농한기에만 군사를 동원할 수 있는 병농 일치의 군사 기반을 가지고 있었으나, 노부나가는 풍부한 경제력을 바탕으로 농번기에도 군대를 일으킬 수 있는 병농 분리의 상비군을 구축하였다. 중세 토지 본위의 농촌 공동체 기반 사회에서 탈피하여 농업 경제에다 상업 유통 경제를 가미한 국부 창출로 천하 통일을 도모했고, 이를 뒷

반침하기 위해 정치와 행정의 시스템을 바꾸어 나갔다.

종래 상인들에게 부과하던 세금을 경감하고 규제를 완화하여 경기가 활성화되면 상인들의 수익이 늘어나고 국가 재정도 확대되어 갈 것이라는 생각을 가지고 상업 유통 경제를 확립해 나간 것이다. 다시 말해, 현대 경제학에서 흔히 사용되는 "감세를 통해 경기를 활성화하여 국가의 재정 수입을 증가시킨다."는 경제 원칙을 400년 전의 노부나가는 이미 알고 있었던 것이다.

노부나가는 다리를 건설하거나 도로와 운하를 정비하는 일에도 매우 신경을 썼다. 빠른 정보를 얻기 위해서, 그리고 시간을 단축하기 위해서도 도로 등 사회 기반 시설의 정비가 필요했던 것이다.

또한, 사람들이 성의 관문을 통과할 때 받는 통행세를 폐지해 물건의 유통을 활발하게 하여 교역의 활성화를 도모하였다. 이것은 군사적인 인프라 정비와 함께 상업 유통의 교역 체제를 강화한다는 경제 진흥책이기도 하였다. 본거지였던 기후 성岐阜城의 번화가에는 자유롭게 상거래를 할 수 있는 '라쿠이치樂市'와 특권 상인의 독점을 허락하지 않는 '라쿠자樂座'를 만들고, 관문을 개방하여 물자 유통을 원활하게 만듦으로써, 중세적인 영주 중심의 패쇄 경제를 타파하고 상품 유통을 제고시키는 개방 경제를 지향하였다. 이러한 자유 무역주의적인 분위기는 많은 지방 상인들의 집중을 유도해 일본 곳곳의 정보를 손쉽게 구할 수 있는 장을 마련해 주기도 했다.

새 술은 새 부대에,
창조는 파괴 위에 서 있는 진리이다

"그대는 또 어째서 학문이라는 이름을 두려워한다는 말이냐. 아무리 훌륭한 학문이라도 그것을 계승하는 주체는 인간이야. 인간이 썩었기 때문에 학문을 살리지 못하고 도리어 새로운 시대의 새벽을 방해하고 있는 거야. 완고하기 짝이 없고 난행과 불법을 저지르며 수도에 태만하여 결국 오늘날과 같은 난세를 초래한 거라고!

더구나 평화가 오기를 기원하기는커녕 스스로 중립을 짓밟고 무력을 이용하고 있어. 그러므로 썩은 것일수록 잘 탄다는 병법의 이치에 따라 대답해 주라는 말이다. 나도 그대와 똑같은 생각을 몇 번이나 거듭한 끝에 단안을 내린 거야. 7백 년 동안이나 쌓인 에이잔叡山의 악덕을 다스린다! 다스리는 자가 무법자인지 다스림을 받는 자가 무법자인지는 심판에 맡기겠다. 그 결과 악명을 받는다면 이 노부나가는 기꺼이 받아들이겠어. 알겠나! 에이잔을 멸망시키는 것은 바로 에이잔 자신이야! 오늘 저녁부터 즉시 행동을 개시하여 산을 모조리 불사르거라!"

– 『오다 노부나가』 5권, 도이치 지음, 솔 –

노부나가에게 반발하던 승려들의 거점이었던 에이잔(叡山, 지금은 히에이잔으로 불린다.)을 친다는 말에 아케치 미츠히데가 반대를 하자 노부나가가 한 말이다. 물론 소설의 일부를 인용하기는 했지만 노부나가가 불교 세력을 탄압했다는 것은 사실이다. 당시 부패할 대로 부패한 불교 세력 역시 기득권 세력의 힘을 과시하고 있었고, 이는 노부나가의 천하 통일에 방해가 되는 세력이었다. 막강해진 노부나가 세력에 대항하기 위해 반 노부나가 편에 선 불교 세력을 치는 데 있어 노부나가는 너무도 잔혹했다. 에이잔에 남아 농성하던 승려는 물론 신자 한 명도 남기지 않고 죽였으며, 절·불상 등 오래된 문화 유산들을 모두 다 태워 시커먼 재로 만들어 버렸다. 새 술은 새 부대에 담아야 한다. 창조는 파괴 위에 서 있는 진리이기 때문이다.

오늘날 일본 열도의 배꼽이라고 일컬어지는 비와코琵琶湖 호수 위에 우뚝 솟아있는 히에이잔比叡山의 엔랴쿠지延曆寺는 과거 살육의 현장이었다는 잔영은 없어지고 세계 문화 유산에 등재될 정도로 사계절이 매우 아름다운 풍치를 자랑하고 있다.

내가 오다 노부나가織田信長라는 인물을 처음으로 접했던 것은 13년 전, 나고야 대학 연수를 앞둔 1996년 여름 아이치愛知 현 나고야名古屋

시의 유스호스텔인 아이치 청년 회관에서였다. 그 곳에는 1층에서 3층까지의 계단에 세 명의 유화 초상화가 걸려 있었다. 일본에서 아이치현이 배출한 세 명의 영걸이라고 회자되고 있는 오다 노부나가織田信長, 도요토미 히데요시豊臣秀吉, 도쿠카와 이에야스德川家康였다.

오늘날 일본인의 사회 의식은 도쿠가와 이에야스德川家康를 개조로 하는 중세 봉건 제도의 무인 정권인 에도막부(江戸幕府, 1603~1867)를 기반으로 한다. 에도막부는 150여 년간의 전국 시대이면서 문화적으로 꽃을 피운 모모야마桃山 시대를 거쳐 탄생했다. 이런 모모야마 시대를 개화시키고 다이묘大名라고 칭하는 여러 지방의 호족들 간의 치열한 싸움이 벌어졌던 전국 시대를 종결시켰던 인물이 바로 오다 노부나가織田信長이다.

지금도 일본인들에게 400년 전 과거의 낡은 체제를 부정하고 새로운 개혁의 기치를 내걸었던 노부나가에 대한 인기는 여전해 항상 인기인을 꼽는 다섯 손가락의 반열에 오르고 있다. 일본의 역사는 노부나가가 하극상의 전국 시대라는 소용돌이에서 평화라는 씨앗을 뿌렸다면, 이후 도요토미 히데요시가 싹을 키워 잘 키운 후에, 마지막으로 도쿠가와 이에야스가 열매를 수확하는 구도로 이어졌다는 것에는 이견이 없을 것이다.

과감한 능력 위주의 인재 등용으로 조직의 활력을 도모한다.

이마가와 요시모토와의 전쟁(1560. 5. 19)에서 당시 접전 지역의 호족이었던 야나다 마사쓰나梁田政綱는 요시모토의 행군 행로·휴식 장소·전투 당일의 기상 상태까지를 예측하여 상세한 정보를 노부나가에게 알려 주었고, 노부나가는 마사쓰나의 정보에 근거하여 기습 공격 계획을 세웠다. 노부나가는 전투에서 승리한 후 논공행상을 할 때에 적장 요시모토의 목을 벤 부하보다 정보를 제공했던 마사쓰나를 최고의 공로자로 인정했다.

정보의 중요성을 부하들에게 알리기 위한 포석이기도 했지만, 또 다른 측면에서는 그가 인정하는 인재의 기준이 당시의 일반적인 기준과는 상이했다는 점을 잘 보여 주는 것이다. 그는 인사 정책에서도 형식을 무시하고 서열을 파괴했으며 진정한 실력만을 인정했다.

과거 실적과 세습에 젖어 국정 수행 역량이 부족한 중신들은 과감히 추방하고, 비록 출신 성분이 미천하다 해도 정보 수집 능력과 임무 수행 능력이 탁월했던 유랑자 출신의 아케치 미츠히데明智光秀나 농민 출신으로 짚신 장수였던 하시바 히데요시(羽柴秀吉, 도요토미 히데요시의 옛 이름) 등을 발탁하는 능력 본위와 성과 위주의 인재 등용으로 조직에 활력을 불어 넣었다.

당시 전국 시대의 다이묘들은 농촌 공동체에 기반을 두고 봉록으로서 영지를 하사받는 중신들을 내칠 수가 없었다. 그러나 노부나가는 상업에서 발생한 이익을 자금으로 활용하여 병사들을 돈으로 고용하는 병농 분리 형태로 군사력을 강화해 나갔으며, 이 때문에 능력과 성과에 따라 인재를 발탁하는 경쟁 원리의 인사 정책을 가동할 수 있었다. 이것 역시 당시로서는 혁신적인 인재 등용 방식이었다. 지금으로 말하면 '용병 제도'에 가까운 것이었다.

오다 노부나가는 기존의 생각과 관습의 틀을 깨고 새로운 시도를 하는 것이 얼마나 중요하고, 또 이러한 시도가 시대를 얼마나 변화시키는지를 잘 보여 주고 있다.

남다른 통찰력과 끊임없는 노력으로
때를 만들어 내라

도요토미 히데요시(豊臣秀吉)

도요토미 히데요시(豊臣秀吉, 1536~1598. 9. 18), 일본의 무장이자 정치가

노부나가를 섬기며, 노부나가를 넘어
최상의 신분까지 오른 재주꾼

"울어야 할 두견새가 울지 않을 경우, 히데요시라면 어떻게 할 것인가?"라고 노부나가에게 했던 질문과 똑같은 질문을 해 보면 사람들은 "히데요시라면 울지 않는 두견새를 울게 만들 것이다." 라고 대답한다.

울지 않는 두견새를 울게 만들 줄 아는 사람, 그가 히데요시라는 말이다. 어쩌면 노부나가처럼 울지 않으면 차라리 죽이거나, 이에야스처럼 울 때까지 기다리는 것이 더 쉬운 방법일지도 모른다. 울지 않는 새를 울게 만들기까지 들이는 노력과 능력 그리고 기다림에 대해 다시 한번 생각하게 한다. 그래서 일본의 샐러리맨들이 가장 만나보고 싶은 역사 속의 인물이 도요토미 히데요시가 아닐까 한다.

불가능할 것 같은 일도 가능하게 만드는 그의 재주는 어찌보면 불우

한 태생에서부터 시작된 것이라고 볼 수 있다. 오다 노부나가의 탄생으로부터 2년 후인 1537년, 히데요시는 지금의 아이치 현 나고야 역 인근(당시 오와리 나카무라)에서 빈농의 자식으로 태어났다.

아버지를 일찍 여의고 어머니는 재가를 한 상황에서 히데요시는 어려서부터 여러 가지 직업에 종사하며 생업을 꾸려 나가야 했다. 어릴 적부터 짚신·바늘을 비롯한 생활 용품을 등에 지고 이곳 저곳 돌아다니면서 팔았는데, 이때에도 그저 막연하게 물건을 팔러 다닌 것이 아니고 지금 자기가 찾아가야 할 시장에서는 사람이 얼마나 모일 것이고, 무엇이 잘 팔릴 것인가에 대해 늘 관심을 갖고 다녔다. 물건의 유통 장소이자 사람이 모여드는 시장에서 장사를 잘 하기 위해서는 정보가 매우 중요하다는 점을 일찍부터 체험하게 된 것이다.

또한, 유용한 정보를 얻기 위해서 사람들이 무엇을 원하고 무엇에 관심을 두고 있는지에 대해 항상 고민하고 생각했다. 결국 이러한 삶의 치열함에서 얻은 고민들이 이후 그가 성공의 역사를 펼치는 데 기본 바탕이 된다.

히데요시는 지배 계급인 사무라이가 되겠다는 포부를 안고 17세 되던 해 노부나가의 휘하에 들어갔다. 여기서 히데요시는 당시 전투를 담당하던 사무라이들에게 필요한 말을 키우거나 짚신을 챙기는 잡역을 맡기 시작했다.

히데요시가 노부나가를 만나게 된 동기는, 오와리尾張에서 운송업으로 돈을 번 호상豪商인 이코마 가의 딸이 노부나가의 측실이 되려고 할 즈음 이코마 가에 자주 드나들며 우스운 얘기를 해 주곤 하면서 분위기 메이커 역할을 하다가 우연히 노부나가를 만났는데 그곳에서 노부나가마저 웃겼다고 한다. 이때 히데요시는 노부나가의 부하가 되고 싶다고 자신의 뜻을 밝혔으나, 노부나가로부터 "자네는 몸집이 작고 힘이 없어 무리이네."라고 거절당했다.(역사가들은 히데요시가 사용했던 책상을 통해 키가 150㎝ 정도에 불과했다고 추론한다.)

하지만 포기를 모르는 히데요시는 결국 이코마 가의 주선으로 노부나가의 휘하에 들어가게 된다.

주군 노부나가에 대한 히데요시의 전적인 신뢰와 애정을 잘 보여 주는 일화가 있다.

겨울이었다. 히데요시가 노부나가의 신발을 간수하는 일을 맡고 있을 때였다. 노부나가가 방안에서 일을 보고 밖으로 나가려고 신발을 신자 신발에서 온기가 느껴졌다.

노부나가는 연료도 귀한데 쓸데 없이 불을 지펴 자신의 신발을 데운 것이 아니냐며 히데요시를 혼냈다. 그러나 나중에 알게 되지만, 당시 히데요시는 주군인 노부나가의 발이 차가울까 봐 신발을 가슴 속에 품고 있다가 나가려는 인기척이 나자 미리 내 놓았던 것이었다.

이런 일화는 그 진위 여부를 떠나서 주군 노부나가에 대한 히데요시의 헌신적인 열정과 세심한 배려심을 읽을 수 있는 단면이라고 할 수 있다.

또 다른 일화가 있다.

노부나가가 부하들과 함께 매사냥을 하다가 뒤쫓던 사냥감이 히데요시가 책임지고 있는 영역 안으로 도망쳤는데 어디론가 사라져 찾을 수 없었다. 노부나가는 불같이 화를 내며 어디에 숨겼냐며 히데요시를 주먹으로 때리고 발로 찼다. 그러나 히데요시는 노부나가의 행동에 몸을 맡긴 채 저항은커녕 불만스런 표정조차 짓지 않았다. 결국 얼굴이 퉁퉁 부어 눈을 뜰 수 없었고 앞이 보이지 않았다. 밤에는 심한 열에 시달렸다.

그러나 그날 밤, 숙직인 히데요시는 엉금엉금 기듯 방을 나섰다. 길을 더듬으며 걸음을 옮기자 열 때문에 다리가 후들거렸고 눈도 부어 앞이 잘 보이지 않았다. 기둥에 부딪쳐 쓰러지면 일어서는 것도 쉬운 일이 아니었다. 그 광경을 본 노부나가가 안쓰러웠는지 그냥 돌아가서 쉬라고 했지만 히데요시는 고개를 저었다.

"고맙습니다. 하지만 제가 할 일은 하겠습니다."

그때, 히데요시는 마음 속으로 이런 생각을 하고 있었다.

'주군이 다른 녀석에게 짜증을 내면 원한을 사게 될 거야. 그러면 모반을 일으킬지도 몰라. 하지만 내게 짜증을 내는 건 얼마든지 참을 수 있어. 주군에 대한 내 충성심에는 자신이 있으니까.'

즉, 노부나가가 자신에게 화를 내는 것이 오히려 다행이라고 생각했던 것이다.

다른 사람에게 짜증내는 것을 옆에서 지켜볼 때면 혹시 그 사람이 원한을 품고 적과 내통할 지도 모른다는 생각에 마음이 편치 않았지만, 자기에게 짜증을 내는 데에는 아무런 불만이 없었다. 자신은 노부나가를 배신하지 않을 것이라는 사실을 잘 알고 있었기 때문이다.

— 『오다 노부나가의 카리스마 경영』, 도몬 후유지 지음, 경영 정신(2001년) —

상대방의 마음을 읽고 헤아리는 것 만큼 상대방의 신뢰를 얻을 수 있는 방법은 없다. 글로 배운 지식이 짧은 만큼 히데요시는 행동으로 자신의 성공을 이루어 냈다. 일으켰다. 노부나가에게 얻어맞으면서도 그 대상이 자기였음을 다행스러워할 만큼 주군을 믿었으며, 자신 또한 주군에게 신뢰를 주는 그의 처세술은 단순히 성공만을 향한 얄팍한 처세술이 아니었다.

노부나가에 대한 정보를 바탕으로 웃기는 이야기를 좋아하는 그의 성격과 신의를 중시여기는 장단점까지 파악하고 이코마 가에 자주 드나들어 그에게 접근한 후, 그를 웃게 만들어 자신의 주군으로 삼은 이상 노부나가에 대한 히데요시의 애정과 충성은 일반 다른 가신들과는 분명한 차이가 있었다.

발 빠른 정보 수집 능력과
인맥 활용의 달인

히데요시는 정보의 활용과 함께 인적 네트워크라고 할 수 있는 인맥의 활용에도 매우 뛰어났던 사람이었다. 히데요시가 노부나가에게 결정적으로 신임을 얻게 되는 사건인 스노마타 성 축성 건은 그의 재주를 대변하고 있다.

노부나가가 미노 지방을 공략하기 위해서는 나고야 시 서쪽 외곽에 흐르는 기소가와, 나가라가와, 이비가와 등 3개의 강물이 합류하는 지점인 스노마타에 거점을 축성할 필요가 있었다. 그러나 적국의 방해도 방해지만 공사 인부들을 효율적으로 통제할 수 없어 매번 실패를 거듭하면서 주군인 노부나가로부터 임무를 부여받은 간부 중 어느 누구도 축성에 성공하지 못하고 있었다.

이런 상황에서 약관 29세로 낮은 지위에 머물러 있던 히데요시가 자원하여 성을 쌓아보겠다고 나선다. 노부나가는 별 기대없이 히데요시에게 축성의 임무를 부여하고 그를 도울 병사로 단지 74명만을 보내 주었다. 그러나 히데요시는 누구보다 자신이 있었다.

제일 먼저 그는 상인 시절부터 알고 지냈던 미노 지방의 토호 세력이자 호상이었던 하치츠카를 찾아가 협조를 요청한다. 하치츠카는 산림을 벌채하고 운반·가공할 수 있는 기술자 집단으로 2,340명을 빌려 준다.

히데요시는 축성에 필요한 목재를 기소가와의 상류에서 벌채한 후 나가라가와를 이용하여 하류로 이동시켜, 가공·조립하는 형태로 최단 기간에 성을 쌓을 수 있었다. 치밀한 작업 공정을 통해 전체의 공정은 47일이 소요되었으나 단순한 축성 일수는 약 3일에 불과했다.

이 때, 히데요시는 공사 인부들에게 술과 음식을 배불리 먹이고 우수한 기술자로 대우하는 등 한솥밥 의식을 불어 넣어 일의 효율을 높였다. 이것은 히데요시가 어린 나이인 12세부터 여러 지방을 전전하며 많은 세상 경험을 쌓은 덕택에 사람들의 마음을 잡아 한 곳으로 모을 수 있는 지혜가 있었기에 가능했던 것이다.

이런 공적으로 일본에서는 "히데요시가 하룻밤 만에 스노마타 성을 쌓았다."는 전설이 전해지고 있다. 이 일을 계기로, 노부나가는 히데요시의 능력을 간파하고 그를 중히 쓰기 시작했다. 그 후, 히데요시는 주군인 노부나가의 절대적인 신임을 얻게 되면서 8년 후에는 교토 인근의 나가하마 성의 성주가 되어 노부나가의 천하 통일 사업을 도와 주고 주군인 오다 노부나가의 죽음 이후에는 자신이 그 자리에까지 등극하게 된다.

주군인 오다 노부나가가 교토의 혼노지에서 심복 부하인 아케치 미츠히데에 의해 급습(1582. 6. 2)을 받아 갑자기 죽게 되었을 때, 이 때의 정세를 가장 빠르고 소상하게 파악하고 있었던 지방 영주가 다름 아닌 히데요시였다.

당시 히데요시는 교토의 서쪽에 위치한 빗추 오카야마(현재 오카야마 현)에서 히로시마 지방의 모리 가문과 전쟁 중이었다. 그러나 그의 정보 안테나는 항상 주군의 정책 결정 동향에 신경을 쓰고 있었으며, 경쟁 상대인 아케치 미츠히데의 동정도 놓치지 않고 살피고 있었다.

히데요시는 교토로부터의 정변 소식(6월 2일)을 접하자마자 모리 가문과 휴전(6월 4일)을 맺은 후, 군사를 회군하여 최대한 빨리 교토로 진입함으로써 주군을 죽인 아케치 미츠히데 세력을 몰아 내고(6월 14일) 정국의 분위기를 자신이 의도하는 대로 조성하며 주도해 나간다.

이 때는 교토에 누가 먼저 도착하느냐에 따라 천하의 소유 여부가 결정되는 시점이었고, 도쿠가와 이에야스 역시 아케치 미츠히데에 대한 복수전을 준비하기 위해 군사를 동원하고 있었다.

당시 전투 태세로 무장한 군단의 이동 능력이 하루에 50리 정도였는데, 히데요시는 여기서도 자신의 능력을 최대한 발휘해 하루에 200리를 전진하는 진격 작전을 펼쳐 이에야스에 앞서 전국의 주도권을 잡는다.

교토로 향하는 곳의 마을마다 주먹밥과 신발은 물론, 야간 이동을 위해 등불을 준비해 놓으라는 전령을 미리 보내서 야영이나 식사 시간을 줄이면서 군단의 이동 시간을 최대한 절약할 수 있었다. 그것은 히데요시만이 할 수 있는 일이었다. 일찍이 노부나가가 도로를 닦고 상업을 발달시켜 지방 곳곳의 정보를 빠르게 얻을 수 있는 체제를 구비했듯이,

히데요시 역시 머릿속으로는 정보전과 속도전에 그의 온 신경을 집중시키고 있었던 것이다.

이에야스가 아케치 미츠히데를 토벌하러 출정하기 하루 전 날, 이미 아케치 미츠히데를 주살했다는 히데요시가 보낸 사자의 말을 듣고 이에야스는 히데요시의 기민성에 혀를 내둘렀다고 한다. 뒤늦게 이에야스 이외 다른 지방 영주들도 정보를 알고 군사를 모아 상경하려 하였으나 이미 한발 늦은 상태였다.

이후 히데요시는 1584년 4월 직접 10만 대군을 이끌고 이에야스의 영역인 현재의 나고야 시의 남동쪽에 위치한 코마키 나가쿠테(2005년 아이치 엑스포가 인근에서 열림)에서 이에야스가 이끄는 1만 5천 명의 정예 부대와 전투를 벌인다. 각자 서쪽과 동쪽에서 둥지를 틀고 있던 히데요시와 이에야스가 직접 대결한 것은 이것이 그들 생애 처음이자 마지막이었다.

히데요시는 주군이었던 노부나가가 혼노지의 정변으로 심복 부하의 습격으로 사망하자, 서쪽 지방의 무장 세력을 모아 동쪽에서 세를 과시하고 있던 이에야스 군에게 대규모 공세를 전개하는데, 이에야스도 노부나가의 차남 오다 노부카츠와 손잡고 정면으로 맞서게 된다.

상당 기간 야전에서의 대치 국면이 지속되는 가운데, 히데요시의 2만 명의 별동대가 은밀히 이에야스 군의 거점인 미카와 방면으로 기습 공격을 하려 하였으나, 이에야스가 운용하고 있던 닌자忍者의 정보망에 사전 탐지되어 미리 길목을 지키고 있던 1만 4,000명의 이에야스 군에게 격퇴 당한다.

승리한 이에야스가 오바타 성으로 들어가자 재차 히데요시는 군대를 이끌고 이 성을 포위하였으나 이번에는 이에야스가 성을 비우고 코마키 나가쿠테의 본진으로 돌아가 진을 침으로써 히데요시 군은 이번에도 성과를 거두지 못한다.

어쩔 수 없이 히데요시가 진을 거두고 오사카 성으로 돌아가자 이에야스도 거성인 오카자키 성으로 철수하게 된다. 그러나 얼마 후 히데요시는 비밀 외교를 통해 이에야스와 한 편이었던 오다 노부카츠와 손을 잡음으로써 이에야스를 궁지에 빠뜨린다.

결국 코마키 나가쿠테 전투에서 이에야스가 승리했음에도 불구하고 얼마 지나지 않아 히데요시는 특유의 외교력을 동원하여 이에야스와 동맹 관계였던 오다 노부카츠를 자기 편으로 끌어들임으로써 오다 가문을 보호한다는 명분을 얻음과 더불어, 결과적으로는 히데요시가 승리하는 형국으로 정세를 반전시킨다. 다시 말해 히데요시는 이에야스와의 대결에서 국지전에서는 패배했으나 전쟁 전체에서는 승리하는 정치력을 발휘했던 것이다.

위험에 직면한 이에야스는 차남을 히데요시에게 인질로 보내는 등 화의를 청할 수밖에 없었다. 어릴 적부터 인질 생활 등으로 생존 본능이 몸에 밴 이에야스답게 재빨리 자존심을 버리고 히데요시의 밑으로 들어간 것이다. 이에야스로서는 한 발 전진을 위해 반 발 뒤로 물러서는 방법을 택한 것이다.

이 때, 히데요시는 천하 통일의 꿈을 이루기 위해서 동분 서주하는 시기였으므로 굳이 이에야스와 대립각을 세울 필요가 없었다. 이에야스가 머리를 숙이고 제 발로 들어오니 오히려 반가울 뿐이었다.

조선 침략의 득과 실

히데요시는 1586년 일본의 서쪽인 규슈 지방의 시마즈 가를 멸망시킨 후, 이에야스와 연합하여 동쪽의 오다와라(지금의 도쿄 서쪽 인근)에 둥지를 틀고 있던 호조 가까지 멸망(1590년)시켜 일본 전역을 통일했다. 한데 천하 통일의 대업을 이룬 히데요시는 여기서 그치지 않고 이후 조선을 침략하는 임진왜란을 일으켰다.

히데요시는 이전부터 중국 등 대륙 정벌의 야망을 품고 있었으며, 심지어 인도 정벌까지도 염두에 두었던 것 같다. 당시 일본은 선교사나 상인을 통해 서양의 사정을 어느 정도 알고 있었으며, 식민지 개척에 나서기 시작한 서양 열강이 선교를 앞세워 식민 쟁탈에 나서고 있다는 정보까지 갖고 있을 정도였다. 히데요시는 선교사를 통해 서양의 문물과 정보를 수집해 오기도 했지만 우호적으로 대하던 크리스트교를 탄압하기도 했다.

급기야 1592년 4월 히데요시 군은 명나라를 토벌하기 위해 길을 빌려 달라征明假道는 명분을 내세우며 조선을 침략했다. 부산항에 상륙하자마자 한 달 만에 한양에 이어 평양을 점령하는 등, 조선은 일본군의 침략으로 국가 존망 위기에 처하게 되는 가운데 한반도에서 의병과 명나라 원군의 대항으로 전쟁은 교착 상태에 빠지고 말았다.

임진왜란이 일어난 해인 1592년 5월 7일 이순신 장군이 토우도우 다카토라가 인솔하는 일본 수군 50여 척을 격파하는 것을 시작으로 일본의 보급선을 연쇄적으로 끊어 놓았다.

일본의 육상 침략 부대는 한양에 입성(5월 2일)한 후, 평양과 의주를 통해 최종 목표인 명나라를 공격하기 위해서 보급로의 확보가 매우 중요했다. 하지만 육지에서 조선의 의병 활동으로 육상 보급이 원활하지 못하자 해상 보급로를 고려하고 있었다. 이에 따라, 일본 수군은 남해안을 거쳐 서해안으로 북상하는데 이순신 장군이 이끄는 조선 수군에 의해 차단됨으로써 서해를 통한 병참 지원마저 어려워지게 된 것이다.

과유 불급이라고 했던가? 결국 히데요시가 보낸 침략군은 명明나라에 도달하기도 전에 패배하여 일본으로 물러가고, 이 후 히데요시는 서서히 그 명命을 다하기 시작한다.

그러나 세상의 이치가 동전의 양면과도 같은 것처럼 잃은 것만 있었던 것은 아니다. 히데요시 군은 조선을 침략한 후 다양한 문화적인 충격을 겪었다. 이중 가장 큰 소득이라면 도자기를 빚는 도공陶工의 확보였다. 그들을 포로로 잡아 일본으로 이송했는데, 당시 일본은 도자기를 만들 수 없어 대륙으로부터의 수입에 의존하고 있었고, 서민들은 나무를 파서 만든 주발에다 밥을 먹을 정도로 열악했다.

조선을 침략했던 각지의 다이묘大名들은 일본의 식기와 비교할 수 없이 질 좋은 조선의 도기에 눈독을 들였고, 닥치는 대로 도공陶工들을 잡아갔다.

하지만 일본에서 도자기가 제조되는 시기는 이보다 훨씬 뒤인 임진왜란으로부터 20년 이상이 지난 1616년경이었다. 도공들이 붙잡혀와 조선에 출병했던 다이묘大名의 보호 하에 도기와 자기의 제작에 몰두하였지만 도자기의 원료인 고령토를 구할 수 있는 장소를 발견하지 못해 제작 기간이 늦어지게 된 것이었다.

이후 도자기 제조에 적합한 토양을 발견한 사람이 이삼평李三平이란 도공이었다. 이삼평은 1593년 사가 번 다이묘인 나베시마 나오시게가 납치해 온 사람으로 지금의 규슈 지방 사가 현에 위치한 아리타의 이즈미 산山에서 도자기에 적합한 토양을 발견해 도자기 굽기에 성공하는데, 이것이 오늘날 '아리타야키'의 탄생인 것이다. 아리타야키는 인근의 이마리 항에서 배를 통해 일본 국내외로 수출되어 '이마리야키'라고도 불린다. 아리타야키는 대대로 일본 황실에 식기와 다기를 공급해오고 있는데, 영국의 웨지우드Wedgwood · 미국의 레녹스Lenox · 덴마크의 로얄 코펜하겐Royal Copenhagen 등과 더불어 세계적인 명품 도자기의 반열에 올라 있다.

임진왜란으로 인해 도자기와 더불어 일본 사회에 큰 영향을 미쳤던 또 다른 하나는 주자학이라고 할 수 있다.

일본은 전국 시대를 맞아 강자만이 생존하는 하극상의 풍조가 일본 전역에 만연해 있었는데, 도쿠가와 이에야스를 개조로 하는 에도막부(江戶幕府, 1603~1867) 시대에는 새로운 통치 질서가 필요하게 되었다. 이때 이에야스는 조선으로부터 전래된 주자학을 통치 철학으로 삼았다.

에도막부를 개창한 이에야스는 통치 이념으로 새로운 질서를 만드는 데 최적의 학문으로 주자학을 생각하고 후지와라 세이카가 추천한 자신의 젊은 제자인 하야시 라잔(1583~1657)을 등용하여 막부의 어용 학문으로 자리매김시켰다.

하야시 라잔의 자손이 막부가 설립한 관학昌平坂學問所을 관장하면서 막부 신하의 자제들을 대상으로 유학을 가르쳤으며, 각 번에는 번교(한코우, 藩校)를 설치하고 학자를 초빙해 지방 자제들을 교육시켰다. 이와 같이 강항(姜沆, 1567~1618)이 전한 조선의 성리학이 에도막부의 정치 사회 체제를 지탱하는 정통 사상이 된 것이다.

에도 시대에 지배 계층으로부터 주자학이 도입되면서, 당시 아무렇지도 않게 자행되던 신하가 주군을 배반하고 형제간 골육 상잔의 하극상 풍조도 점차 사라지게 되었다.

현대 일본 사회에서 연공 서열제가 기업 문화로 이어지고 원로 정치가 뿌리를 내리고 있는 것은 270여 년간의 에도막부 시대에 마련된 주자학의 사상적 영향이 크다고 할 것이다.

임진왜란(1592년)과 정유재란(1597년)의 잇따른 조선 침략의 실패로 히데요시와 측근 세력은 급격히 약화되는데 반해, 조선에 병력을 파견하지 않았던 동쪽의 이에야스 군은 상대적으로 세력이 강성해져 갔다.

히데요시가 61세로 사망한 후 2년이 지나서 히데요시 추종 세력西軍과 이에야스 추종 세력東軍 간의 싸움인 세키가하라(1600.9.15) 전투에서 히데요시를 추종하던 서군이 패배하고 오사카 성마저 함락되었다. 그러자 히데요시가 사랑했던 측실 요도도노와 늦은 나이에 얻었던 아들 히데요리마저 자살로서 최후를 맞이한다.

히데요시가 죽은 후 히데요시를 기리는 토요쿠니 신사가 곳곳에서 건립되고 대명신大明神으로 신격화되었으나, 이에야스 천하에서는 교토의 아미타 산에 매장된 묘마저 도굴되는 운명에 처해졌다.

일본인들 사이에는 오사카는 히데요시에 의해 도시로서 면모를 갖추게 되었고, 도쿄는 이에야스에 의해서 비로소 일본의 중심지가 되었다는 인식이 깊이 자리 잡고 있다.

오늘날의 상업 도시 오사카를 조성하는 데 결정적인 역할을 한 사람이 히데요시라고 말해도 과언이 아니다. 노부나가에 의해 11여 년 만에 항복한 혼간지의 승려 세력을 몰아내고 오사카 성의 리모델링에 착수했던 사람이 히데요시였다.

1583년부터 15년에 걸쳐 성을 재축성 함과 동시에 상인들을 강제 이주시켜 상업 도시로서의 면모를 구축했다. 다시 말해, 오사카 인근이 바다이고 강의 흐름을 착안하여 배가 접안할 수 있게끔 운하를 건설하는 등 오사카를 세계적인 항구 도시로 일신하는 데 큰 역할을 했던 것이다. 소위 도시 기반 시설을 정비하여 상업하기 좋은 인프라를 구축했던 것이다.

현재에도 오사카가 간사이, 긴키 지방의 중심지이면서 일본의 상업 중심지로서의 지위를 누리고 있는 것은, 당시 히데요시의 도시 계획이 적지 않게 영향을 미쳤다고 할 것이다.

이런 연유로, 오사카 · 고베를 중심으로 하는 한신阪神 · 간사이關西 지방에서는 히데요시의 인기가 이에야스보다 훨씬 높으며 아직도 히데요시의 일화를 자랑스럽게 이야기하길 좋아한다.

그러나 권력이 이에야스로 옮겨감에 따라, 상업과 정치의 중심지였던 오사카의 영화도 점차 에도(지금의 도쿄)로 옮겨가기 시작했다.

오사카와 고베에 기반을 둔 한신 타이거즈와 도쿄에 기반을 둔 요미우리 자이언트의 야구 시합의 경우 한 달 전부터 표가 매진되는 사례가 적지 않을 정도로, 간토우와 간사이로 대표되는 동서 지역 간 대항 의식은 이처럼 뿌리가 깊다.

히데요시라는 이름이 세상에 다시 빛을 보게 된 것은 270년간의 에도 막부가 메이지 유신(1868년)에 의해 무너진 이후였다. 왜냐하면, 세키가하라 전투에서 히데요시를 지지했던 시마즈 가와 모리 가의 기반이었던 사스마 번과 죠슈 번의 하급 사무라이들이 메이지 유신의 주역으로 등장하면서 잊혀졌던 히데요시를 재평가했기 때문이다.

치밀한 전략가 히데요시

빈농의 자식으로 태어나 적수 공권으로 대업을 이룩했으나 평생 노부나가나 이에야스처럼 명문가 집안의 출신이 아니라는 콤플렉스를 안고 살아야 했던 히데요시.

처세에 능하고, 조직 운용에서 탁월했으며, 병력을 움직일 때에는 전광 석화와 같았고, 성을 공략할 때면 반드시 도피처를 마련한 후 공격하는 치밀함을 보였던 전략가로서의 도요토미 히데요시는 지금도 일본에서 여전히 인기를 누리고 있는 인물이다.

비록 승산 없는 두 차례의 조선 침략과 노년의 사치스러운 행사로 재정을 축내는 등 과욕을 부린 오점이 있으나, 최고 자리까지 도달하는 과정에서 그가 보여 준 처세술, 즉 사람들의 심리를 장악하고 우호적인 여론을 조성해 나가는 한편 울지 않는 새를 울게 만들 정도로 끊임없이 노력하고 정성을 기울이는 재주에는 박수를 보낸다.

최후에 웃는 자가 최후의 승리자다
참고 또 참아라

도쿠가와 이에야스(德川家康)

도쿠가와 에야스(德川家康, 1543. 31~1616. 6. 1.) 일본 에도막부의 초대 장군

에도막부 江戸幕府를 개창한
인내의 달인

　도쿠가와 이에야스를 알기 위해서는 오다 노부나가와 도요토미 히데요시를 빼놓고는 불가능할 정도로 이 세 사람은 일본인들 사이에서 늘 회자되고 있는 전국 시대와 에도막부 시대의 대표적인 인물들이다. 다음 두 가지 이야기들이 이들의 연관성과 특성을 잘 말해 주고 있다.

　와세다 대학 도서관에는 전국 시대의 세 사람을 풍자한 그림이 소장되어 있는데 에도 시대 말기의 풍속 화가가 그린 그림으로 3인이 '천하라는 떡'을 빚는 장면을 묘사하고 있다. 성격이 급한 추진력의 사나이 노부나가는 부지런히 '천하의 떡'을 치고 있고, 매사에 노력을 기울이는 히데요시는 반죽을 하고 있으나, 참고 기다릴 줄 아는 이에야스는 젓가락과 접시를 가지고 먹을 준비를 하고 있는 모습이다.

　'울지 않는 두견새'를 이 세 사람은 어떻게 다룰 것인가라는 이야기도 빼놓지 않고 나오는 일화이다. 울지 않는 새를 울 때까지 기다릴 줄 아는 인내심, 그래서 마지막에 잘 익은 떡을 넙죽 집어 먹을 줄 아는 운 좋은 사나이가 이에야스이다. 그렇다고 이야에스가 아무런 공도 없이 운만 좋은 사람은 아니다. 철저한 자기 관리와 함께 앞선 자들의 경험에서 얻은 지혜들이 그의 성공을 뒷받침해 주고 있다. 오랜 인질 생활속에서 터득한 인내와 기다림, 노부나가와 히데요시 밑에서 숨죽이며 그들의 장단점을 파악해 자신을 드높일 줄 아는 능력을 세상에 보여 준인물이다. 그의 그런 준비된 노력들은 전국 시대 이후 에도막부 시대를 열면서 265년간의 일본 역사를 그려 내고 있다.

최근 영국 BBC는 세계의 역사를 바꾼 6명을 재조명하는 드라마를 준비하고 있는데, 아시아를 대표하는 영웅으로는 도쿠가와 이에야스를 선정하였다. 이에야스를 로마의 시이저 및 영국의 크롬웰 등과 어깨를 나란히 하는, 국가를 변혁시켰던 인물로 평가하고 있는 것이다.

1542년 도쿠가와 이에야스(어릴 적 이름은 마츠다이라 다케치요다)는 지금의 아이치 현 나고야 시 동쪽에 위치한 미카와 지역의 마츠다이라 가家에서 태어났다. 3살 때 어머니가 재가하면서 생이별하고, 아버지마저 8살때 여의고 고아의 신세로 장기간에 걸쳐 인질 생활을 한다.

당시 마츠다이라 가家는 동쪽으로는 츠루가 지역의 이마가와 가家와 서쪽으로는 오와리 지역의 오다 가家라는 강대한 가문 사이에 끼여 있었다. 양 가문이 서로 다투고 있는 상황이어서 여타 작은 가문의 사람들은 더 힘이 센 가문에 기대야만 생존을 보장받을 수 있는 처지였다.

이런 연유로 이에야스의 아버지(마츠다이라 히로타다)는 이마가와 가에 충성을 맹세한다는 징표로 5세(1547년) 밖에 안 된 아들을 인질로 보내야 했다.

그러나 인질이 된 이에야스가 이마가와 가가 있는 츠루가 지역의 순푸(지금의 시즈오카 시)로 가는 도중 가신이 오다 가의 금전에 매수당해 오다 가로 납치되어 7세까지 그 곳에서 인질 생활을 하게 된다.

오다 가의 노부히데(노부나가의 아버지)가 어린 이에야스를 납치한 것은 마츠다이라 가로 하여금 이마가와 가문 말고 오다 가문을 섬기도록 유도하려는 데 목적이 있었다. 하지만 비정하게도 이에야스 아버지 히로타다는 "나는 부자간의 인정에 이끌려 의리를 저버리는 사람이 아니니 어린 애를 마음대로 처분하라."며 오다 가의 제의를 거절했다.

당시 노부나가의 나이가 이에야스보다 8살이나 위였는데 이때 맺어진 두 사람의 인연이 후일 키요수 동맹淸州同盟으로 이어지면서 이마가와 가에 대항하는 축을 형성하게 된다. 이에야스와 노부나가 두 사람은 혼노지의 변고로 노부나가가 급사할 때까지 상호 의존했던 측면이 강하며, 서로 간의 동맹은 한 번도 깨어지지 않았다. 아무튼 두 사람의 운명적인 만남이 일본의 역사를 크게 바꾸게 된 계기가 되었음은 틀림이 없다.

그 후, 이에야스는 아버지 히로타다가 부하의 칼에 의해 암살당하는 사건을 계기로 이마가와 가에 포로로 붙잡힌 오다 노부나가의 형(오다 노부히로)과 인질 교환으로 풀려나 이마가와 가에서 새로운 인질 생활을 시작한다. 이러한 인질 생활은 1560년 오다 노부나가 군과 이마가와 군 간의 오케하자마 전투에서 방심했던 이마가와 요시모토가 전사한 후 이마가와 가의 세력이 급속히 약화되면서 이에야스의 나이 18세에 독립하여 오카자키 성의 성주가 될 때까지 계속된다.

약관 18세에 마침내 인질 생활에서 벗어나 작은 성주가 된 이에야스는 이후 오다 노부나가, 도요토미 히데요시 등과 협조와 긴장 관계를 유지하면서 인내에 인내를 거듭하여 급기야 150년간의 전국 시대를 종식시키고 향후 265년간의 에도막부(江戶幕府)를 개창하게 된다.

한편, 이에야스는 이마가와 가에서 인질 생활을 할 때, 이마가와의 중신이자 선승인 타이겐 셋사이로부터 무사로서 갖추어야 할 덕목을 배운다. 스승인 타이겐 셋사이는 보잘것 없는 작은 성주의 어린 아들이 이국땅에서 눈칫밥을 먹으면서 인질 생활을 하는 처지를 불쌍히 여겼고, 이에야스가 예의 범절이 바르고 영특해 잘 가르쳐 주었다고 한다.

이에야스가 30세 되던 때, 다케다 신겐은 나이가 51세로 주변국의 영토를 확장하여 120만 석의 대영주로서 총 3만 명의 군사를 동원할 수 있는 대국으로 성장하였다. 신겐은 여세를 몰아 천황이 있는 교토로 진격하기 위해 이에야스가 관할하는 영내를 무단으로 통과하려고 했다.

이에야스는 가신 그룹이 무리라고 진언하는 것도 무시하고, 동맹 관계를 맺고 있는 노부나가가 보내온 3,000명의 원군과 자신의 군사 5,000명을 합하여 총 8,000명의 군사로 미카타가하라에서 다케다의 3만 대군과 맞아 싸웠으나 대패(1572. 12. 22)하고 만다.

미카타라하라 전투에서 학익진을 펼쳤던 이에야스는 어린진을 펼쳤던 다케다 군에게 처절히 패배하는데 이때 극심한 공포감에 말 위에서 똥까지 싸는 참상을 겪게 된다. 이에야스는 뒤따라오는 부하들에게

"점심 반찬으로 허리에 찬 된장 냄새이다."라고 변명할 정도로 똥줄이 타는 처참한 패배였다. 겨우 하마마츠 성으로 도망해 들어온 그는 성문을 열어젖힌 채 성을 텅 비게 하는 공성계空城計를 취해 쫓아오는 적이 성안에 군사가 많다고 의심하여 돌아가게 하는 침착함마저 보여 줬다. 절체 절명의 위급함 속에서의 상상을 초월한 태연함은 죽고자 하면 살고, 살고자 하면 죽는다는 즉사 필생卽死必生의 전략이었을 것이다.

이에야스는 당시의 공포심에 떨고 초췌해진 30대 초반의 자신의 깡마른 모습을 화공에게 그리게 했는데, 현재 이 그림은 나고야 시市 도쿠가와 미술관에 보존되어 있다. 이에야스는 항상 이 그림을 가까이 두고서 죽을 때까지 이 전투의 패배를 경계의 징표로 삼았다고 한다.

1579년, 이에야스가 37세 때 느닷없이 노부나가로부터 본부인인 스키야마 부인과 장남인 노부야스를 죽이라는 명령을 받는다. 노부나가는 출가한 딸로부터 이에야스의 부인과 장남이 다케다 가와 내통하여 오다 가를 토벌하려 한다는 소식을 들은 것이다.

이에야스의 장남 노부야스는 노부나가의 딸 도쿠히메와 정략 결혼을 했다. 이마가와 가家 출신인 이에야스의 본부인인 시어머니(스키야마)와 도쿠히메는 고부姑婦 간 갈등이 심하고 부부 사이도 원만하지 못한 가운데, 부인 도쿠히메가 친정아버지 노부나가에게 편지를 보낸 내용이 화근이 되어 노부나가를 진노시켰던 것이다.

어릴 적부터 노부나가의 성격을 잘 알고 있던 이에야스는 3일 동안 식음을 전폐한 채 대항이냐 굴복이냐, 다시 말해 키요스 동맹의 파기냐 유지냐를 놓고 고민에 고민을 거듭한다. 결국 마흔네 살의 본부인을 부하를 시켜 참살시키고 보름 후 스물한 살의 장남에게는 할복을 명한다. 아들 노부야스는 "아버지 억울합니다."고 외치면서 죽어갔다고 한다.

아직 이에야스에게는 노부나가의 명령을 거부할 수 있는 힘이 없었다. 부인과 아들을 희생시켜서라도 가문을 지켜야 한다는 고뇌의 결단을 내렸다고 할 수 있다. 이 사건은 이에야스의 생애에 걸쳐 가장 후회스러운 일로 남아 있었고, 특히 장남에 대한 희생을 안타까워했다고 한다. 후세의 역사가들은 이 사건이 이에야스가 인내심이 얼마나 강한 인물이었는가를 보여 주는 대표적인 일화라고 말한다.

이에야스의 천하 통일에 크게 공헌했던 부하로, 도쿠가와 사천왕(德川四天王: 혼다, 사카기바라, 이이, 사카이)이라 불리는 인물 중에 사카이酒井가 있었다. 당시 노부나가는 딸의 편지를 받아보고 격분하여 도쿠가와 가의 가신으로 파견 나와 있던 사카이를 불러 물어보았으나, 사카이가 노부나가에게 만족할 만한 해명을 해 주지 못해 가족을 참살시키는 비극을 불러왔다고 이에야스는 생각하고 있었다.

그러나 이에야스는 사카이를 책망하지 않고 도리어 중용하였고 사카이도 전공을 세웠는데, 천하 통일 후 논공 행상을 하면서 이에야스는 나머지 사천왕들에게는 각각 10만 석 이상의 토지知行地를 봉했으나, 사카이에게만은 3만석으로 차별을 두어 대우했다. 이에 대해 사카이가 불만을 토로하자, 그제서야 비로소 이에야스는 사카이에게 "너도 자식이 귀엽지 않느냐."라고 하며 사카이에 대한 원망을 토로했다고 한다.

막부 체제의 장기 통치를 위한
제도 개혁에 착수하다

이에야스가 58세 때인 1600년 9월 14일 세키가하라에서 자신이 이끄는 동군 7만 5,000명과 도요토미 히데요시의 추종 세력인 이시다 미츠나리가 이끄는 서군 8만 4,000명과의 대접전이 펼쳐지는데, 결속력이 좋았던 이에야스가 이끄는 동군의 연합 세력이 승리한다.

그것은 오사카의 도요토미 가문과 에도의 도쿠카와 가문이 자웅을 겨루는, 양쪽 가문의 흥망 성쇠가 걸려있는 싸움이었다. 이에야스는 이 전쟁에서 승리하기 위해 히데요시에게 은전을 입었던 다이묘(영주)들을 차례차례 포섭한 다음, 압도적인 지지 세력을 이용한 후 서쪽으로 진격하여 이시다 미츠나리의 연합군을 격파한 것이다.

이 전쟁은 히데요시의 사후, 전국 시대의 패자를 결정하는 건곤 일척의 싸움으로 이에야스가 승리함으로써 150여 년에 걸친 난세가 종지부를 찍고, 향후 270여 년간의 에도막부라는 평화 시대를 열 수 있었던 전환점이기도 했다. 또한, 지배 중심이 오사카를 중심으로 한 간사이 지방에서 에도(지금의 도쿄)를 중심으로 하는 간토우 지방으로 넘어가는 변곡점이기도 했다.

이에야스는 세키가하라 전투에서 승리한 후 2년 반이 지난 61세 때 (1603년 2월), 천황의 교지에 의해 정이대장군征夷大將軍으로 취임하고 에도막부를 개창, 총 15대의 쇼군(將軍)과 270여 년간에 걸친 장기 정권을 구축할 수 있는 각종 제도 개혁에 착수하게 된다.

정치 제도의 개혁에서는 에도江戸, 지금의 도쿄東京를 정이대장군인 쇼군將軍이 상주하는 정치의 중심지로 삼고, 오사카大阪를 경제와 상업의 중심지로, 천황이 거쳐하는 교토京都를 문화의 거점으로, 그리고 외교는 쇄국 정책을 지속하면서도 나가사키 항의 앞바다에 있는 데지마와 류구(지금의 오키나와)를 열어 네덜란드와 청나라 선박의 입출항을 보장하였고, 쓰시마를 통해서는 조선과의 교류를 허용하였다.

이에야스가 에도막부를 세우면서 일본 전국의 정치 · 사회적인 안정을 위해 생각해 낸 것 중 하나가 조선과의 국교 회복이다. 이는 대내적인 정치 안정뿐만 아니라 외교적인 성과를 위한 포석이기도 했다.

당대의 유학자이자 동북아 외교 정세에 밝았던 아메노모리 호슈 (1668~1755)는 이에야스에게 보내는 서신에서 명과 조선이 연합하여 일본을 침입할 수도 있다고 경고한다. 이런 분위기 속에서 조선과의 국교 회복은 이에야스에게 외적으로는 전국 시대부터 히데요시를 거쳐 세키가하라 전투까지 이어져온 일본 국내의 내전을 종식시키고 막부를 중심으로 한 일본의 새로운 지배 체제를 완성한 도쿠가와 가_家가 통치하는 시대를 처음으로 연다는 의미를 가지고 있다. 그래서 조선과의 관계 회복은 단순히 전쟁 억제만이 아닌 일본 사회 문제의 해결 방안이었고, 그것이 에도막부 정권의 정통성이었다.

또한, 이에야스는 경제적으로는 통화 단위를 통일시켰는데, 이전에는 상인들 간에 사적으로 통용된 적은 있었으나 국가 차원에서 화폐 제도가 정비되어 있지는 않았다. 이에야스는 긴자(銀座, 현재의 도쿄 중심가의 지명이기도 함)를 설치하여 금화·은화·전錢을 주조하고 금화를 기준으로 가치를 부여해 통용시켜 유통 경제 발전의 기반 구축에 도움을 주었다.

한편, 사회 체제는 우리의 조선 시대와 같이 사농공상의 신분 제도를 유지했으나, 우리나라의 선비에 해당하는 지배 계급인 사무라이에게는 권력이라는 꽃을 주었고, 상인에게는 돈이라는 열매를 주되 어느 한 쪽의 계층에게 꽃과 열매를 함께 주지 않는 통치 구조를 정비하여 견제와 균형을 적절히 취했다.

돈을 버는 자는 권력이 부족해도 만족하고, 권력을 가진 자는 재물이 들어오지 않더라도 만족한다고 보았던 것이다. 결과적으로 그 어느 누구도 쇼군 직을 수행하는 도쿠가와 가家를 넘보는 다이묘가 나올 수가 없었다.

무엇보다도 이에야스는 에도막부를 열면서 자신의 자손들이 무인 정권의 최고봉인 쇼군으로 재직하면서 장기 집권을 유지하는 데 아무 무리가 없도록 제도적인 틀을 마련하게 된다. 최초의 무인 정권이었던 가마쿠라 막부와 무로마치 막부가 단명으로 끝난 실패 원인을 철저히 분석하고 개선하였던 것이다.

정치의 중추를 담당하는 가로家老를 복수로 하고 합의제 의결 방식을 취해 단독의 독주를 막았으며, 도요토미 히데요시의 죽음으로 히데요시 가문이 붕괴되었던 원인이 지방의 영주인 다이묘들의 강대해진 무력 때문이라는 점에 착안해 다이묘들의 약체화를 위한 제도 개혁에도 착수한다.

그러나 이러한 제도를 급진적으로 추진하지 않아 이에야스에 이어 2대 쇼군 히데타다(아들) 및 3대 쇼군 이에미츠(손자) 대에 이르러 완성을 보게 된다.

이에야스는 정이대장군, 즉 초대 쇼군에 취임한 후 불과 3년 만에 3남인 히데타다에게 쇼군 직을 물려 준 후, 자신은 어릴 적 인질 생활을 했던 고향과 같은 곳인 순푸(지금의 시즈오카)에 머물면서 오고쇼라는 직함을 가지고 외국인·승려·상인·학자 등 각종 브레인(싱크 탱크)을 모아 에도막부가 유지될 수 있는 각종 정책을 입안하여 제시한다.

우선 법과 제도에 의해 통치하는 중앙의 막부와 지방의 번으로 구성되는 막번幕藩 체제를 구축했다. 법령 성격인 무가제법도武家諸法度를 통해 다이묘들이 거처하는 성의 신축 금지, 성의 개보수 및 다이묘들 간의 혼인 시 사전 허가, 1년마다 다이묘가 에도에 직접 올라오거나 처자가 인질로 머물러야 하는 산킨코우타이 등이 의무화되었다.

모든 번의 다이묘는 막부(쇼군)의 천거에 의해 천황이 추인하는 체제를 갖추어 다이묘와 천황 간의 소통을 차단시키는 한편, 막부(쇼군)와 번(다이묘) 간의 주종 관계라는 봉건 질서를 구축했던 것이다.

또한, 이에야스는 세키가하라 전투의 승리 이후 논공행상을 명분으로 지연과 무력을 가진 호족 형태의 지배 체제를 구축했던 다이묘들에게는 지역 기반을 옮기도록 하는 전봉轉封이라는 제도를 통해 그 세력을 약화시켜 나갔다. 오사카 여름 전쟁(1615년) 직후 히데요시 가문을 멸망시킨 여세를 몰아, 다이묘들에게 살고 있는 성 이외에는 모두 없애라는 일국일성一國一城의 명령을 내려 크고 작은 400여 개의 성을 없앤다.

특히, 서군에 가담했던 다이묘들의 영지를 빼앗아 공신들에게 그 토지를 봉했으며, 에도 주변에는 도쿠가와 가에 우호적인 다이묘들에게만 영지를 하사하는 방식을 취했고, 초기에 모반의 우려가 높았던 오사카는 막부 직할령으로 관장하면서 그 주변도 친위 세력의 다이묘들을 영주로 봉하였다.

에도막부는 다이묘뿐만 아니라 사무라이·농민·사찰·신사 등에도 관련 법령을 만들어 규제함으로써 장기간의 안정된 막부 중심의 통치 체제를 마련했던 것이다.

데지마를 개항하여
서양 문물을 수용하다

    에도막부는 1641년 네덜란드 상관商館을 히라토로부터 나가사키 항의 앞바다에 떠 있는 인공 섬, 데지마로 이동시킨 후 280여 년간 네덜란드를 상대로 한 관영 무역이 지속되는 쇄국 체제를 완성시켰다. 나가사키 현은 역사 유산의 보전 차원에서 2006년 봄에 당시 데지마의 대표적인 건물이라고 할 수 있는 카피탄商館長의 가옥 등을 복원한 바 있다.

    보통의 학교 운동장 규모(가로 82보×세로 236보 정도)밖에 안 되었던 데지마는 네덜란드 동인도 회사가 일본 지점을 둔 거류지로서, 막부 초기에 나가사키의 상인들이 공동 출자하여 나가사키 항구 내에 조성했는데, 처음에는 포르투갈 인을 거주시켰으나 크리스트교 포교 금지로 추방(1639년)되자, 네덜란드 인들이 1641년부터 옮겨와 살았으며 이때부터 1859년까지 218년간 서양문물을 일본에 전파하는 창구 역할을 했다.

현대로 치면 무역 회사의 지점장이라고 할 수 있는 카피탄을 비롯하여 약 10명이 단신으로 부임하여 상주했는데, 1년 근무가 원칙이었고 막부로부터 적지 않은 행동의 제약을 받았다.

일본인의 출입은 막부 관료나 일하는 잡부로 한정시켰고, 일반 아낙네는 들어갈 수 없으나 술집 여자遊女는 출입할 수 있었다. 네덜란드 상관들이 자국의 무역선이 매년 4~5월 데지마에 입항하여 10~11월경 자카르타에 있는 동인도 회사로 돌아갈 때까지 장기간의 무료함을 달랠 수 있는 유일한 즐거움은 담배와 술집 여자 정도였다. 막부 말기까지 159명의 네덜란드 카피탄이 부임하였으며, 그 중에는 19년간이나 체류한 사람도 있었다.

카피탄은 정초 등의 명절을 이용하여 정례적으로 에도에 상경하여 쇼군을 배알하였고, 해외 사정과 정보로서 가치가 있는 각종 보고서를 나가사키에 있는 막부 관료(나가사키 부교소)에게 제출하였다. 나가사키 부교소는 보고서를 '오란다 풍설서風說書'란 제목으로 번역하여 에도에 있는 막부에 보고하면, 막부는 이 풍설서를 통해 유럽의 산업 혁명·나폴레옹의 활약·아편 전쟁의 전모는 물론 페리 제독의 개항 요구 가능성 등에 대한 정보를 입수할 수 있었다.

에도막부는 페리 제독이 곧 내항할 것이라는 정보에 따라, 네덜란드어 세습 통역사인 호리타 츠노스케를 통해 짧은 영어를 익히게 한 후 이들을 도쿄만의 관문인 우라가에 이동 배치시켰다. 1853년 6월 페리 제독이 거대한 검은색 군함黑船 4척을 이끌고 나타나자 막부는 통역사를 통해 회담을 제안한다. 미국 측 네덜란드 통역사인 포트맨이 나타나

"제독은 귀관의 승선을 희망하고 있다."고 답을 해와 일본 관료(나가시마 사브로스케)와 통역사(호리타 츠노스케)가 승선할 수 있었다. 당시 네덜란드 왕은 에도막부에게 미국의 제의를 거절하지 않는 것이 유리하다는 조언까지 했었다.

일본 국내에서는 네덜란드로부터 들여온 다양한 자료들을 번역한 통역 서적이 축적되었고, 상관원을 진료했던 의사가 가져온 의학 서적 등이 일본에서 네덜란드 학문인 난학蘭學으로 개화하였다. 이 난학은 개혁 개방과 근대화를 지향했던 하급 사무라이 계급(나중에 엘리트 그룹 형성)에게 새로운 세계관을 제공함으로써 막부 타도와 메이지 초기의 국가 형성 과정에서 엄청난 영향을 미치게 된다.

한편, 이 당시 데지마에서 네덜란드 상선을 통해 수출되었던 '아리타야키' (이마리야키라고도 불림)를 비롯한 도자기와 수출품을 포장했던 풍속화 '우키요에'가 유럽으로 흘러 들어간다.

과거 일본은 도자기를 서양에 수출하면서 도자기가 파손되지 않도록 세심한 포장을 했는데, 서양 예술가들은 도자기를 포장한 종이와 목판에 일본의 민화가 그려진 '우키요에'를 우연히 접하게 된다.

에도 시대의 민속 화가인 카츠시카 호쿠사이(1760~1849)는 아리타야키에다 주민들의 생활상을 그려 넣었는데, 그 도자기의 일부가 수출되어 서양 예술인에게 영향을 주기도 했다.

'우키요에'는 매우 간단한 구도에다 그림의 주제가 화면 중앙에 놓이는 것을 피하고 서양의 원근법과 다르게 중경을 없애고 원경과 근경만으로 공간을 처리했다. 또한, 사실적인 음영법도 없는데다 대담하고 강렬한 색채로 이미지를 전달하고자 하였다. 이러한 구성은 19세기까지 서구 화단을 지배하고 있던 '로만 그레코 양식Roman Greco art'과는 정반대되는 것이었다.

인상파 화가 '클로드 모네Claude Monet'는 자기 집의 벽을 일본의 판화로 장식했고, '에두아르 마네Edouard Manet'는 친구였던 '에밀 졸라'를 그릴 때 일본의 병풍과 그림을 소품으로 이용했다. '빈센트 반 고흐 Vincent Van Gogh'·'폴 고갱Paul Gauguin' 등 후기 인상파 화가들도 도자기를 싼 포장지에 그려진 우키요에를 보고 충격을 받는다.

네덜란드 암스테르담의 고흐 미술관 등에 전시된 고흐의 그림에서 구도가 매우 흡사한 이전의 우키요에를 볼 수 있고 색채 활용 면에서도 비슷한 점이 적지 않게 발견된다.

이와 같이 막부 정부로서는 나가사키 해상의 작은 인공 섬 데지마出島를 통해 무역 거래의 이익 이상의 중요한 것을 얻을 수가 있었다. 다시 말해, 데지마는 쇄국 정책으로 일관하는 일본에서 유일하게 서양을 향해 개방된 창문이라고 할 수 있다. 쇄국 정책을 폈던 일본에서는 이 창문을 통해 주의 깊게 국제 정세를 관찰할 수 있었고, 이런 안테나 역할을 했던 데지마는 체제를 유지하는 안전 장치의 구실도 하였던 것이다.

우리에게 하멜 표류기로 널리 알려진 하멜 일행이 1653년 네덜란드 동인도 회사인 자카르타에서 대만을 거쳐 나가사키 항의 데지마로 항해하던 중 풍랑을 만나 제주도에 표착(8월 16일)한 사건도 바로 이때의 일이다.

성실한 부하를 중용했던 인사 스타일과
철저한 자기 관리로 천하를 움켜쥐다

한번은 이에야스가 험한 길을 가는데, 일부러 말에서 내려 걸어가는 모습을 보고 측근이 그 연유가 무엇이냐고 묻자, "위험을 느꼈으면 즉시 말에서 내려 걸어가는 것이 진정으로 말을 잘 타는 것이 아니겠느냐."고 응수한 적이 있다. 이에야스의 신중하고 세심한 성격을 읽을 수 있는 사례가 아닌가 한다.

이에야스는 부하를 고를 때에도 타고난 지략이나 재능이 뛰어난 사람보다는 우직하고 성실한 사람을 중용했다고 한다. 이에야스를 따르는 미카와 출신의 사무라이들은 비록 노부나가 군 등과 비교해 지략이 뛰어나지는 못했지만 결속력이 강하고 주군에 대한 충성심은 매우 높은 편이었다.

히데요시가 자신이 자랑하는 보물인 다기茶器를 선보이면서 이에야스에게도 자랑할 만한 보물이 있냐고 묻자, 이에야스는 보물이랄 것까지는 아니나 어려울 때 자신을 위해 대신 죽을 수 있는 부하가 500여 명 정도가 있는데 이들이 보물이라면 보물이라고 했다고 한다.

이에야스는 장남 노부야스가 할복했던 37세 때 5,000명의 병력으로 8년 전 다케다 신겐의 아들 가쓰요리에게 빼앗긴 후 줄곧 대치해 왔던 다카텐진 성을 공격하여 함락시킨다.

그런데 뜻밖에 이에야스는 이 성의 지하 감옥에 8년 전 전투에서 다케다 군에게 사로잡혀 항복을 거부하고 옥살이를 하고 있는 '오코우지 겐자부로'라는 미카와 출신의 무사가 있다는 것을 알게 된다.

겐자부로는 주군인 이에야스가 언젠가는 성을 빼앗고 자신을 구하러 올 것이라는 믿음 아래 그 동안 다케다 측의 갖은 회유와 협박·고문 등을 견디어 냈다. 감옥을 지키는 간수가 이 사실을 이에야스 군에게 알렸을 때 미카와 무사들은 "어떻게 8년이나 되는 오랜 세월을 돌감옥에 갇혀 살 수 있단 말인가?"라면서 믿지를 않았다. 소식을 접한 이에야스는 겐자부로 앞에 다가가 무릎을 꿇고, "내가 이에야스다. 늦게 와서 너무 미안하다."고 사과했다.

"사람의 일생은 무거운 짐을 지고 먼 길을 가는 것과 같다. 서두르지 말지어다. 부자유를 일상사로 생각하면 그리 부족한 것은 없는 법. 마음에 욕망이 샘솟거든 곤궁할 때를 생각할 지어다. …… 참고 견딤은 무사 장구無事長久의 근본이요, 노여움은 적이라 생각하라. 이기는 것만 알고 지는 것을 모르면 해가 그 몸에 미치는 법. 차라리 미치지 못하는 것이 지나친 것보다 나으니라."

같은 시대를 살았던 노부나가나 히데요시에 비하면 이에야스는 장수를 한 편이다. 그래서인지 그는 많은 명언들을 남겼다. 위의 글 역시 그가 후손들에게 남겼다는 인생훈人生訓의 일부로, 필자 개인적으로도 이 문구를 좋아해서 수첩 속에 넣고 다니면서 간혹 생활이 팍팍하다고 느껴질 때 꺼내 읽어 보곤 한다.

당시 일본의 전국 시대는 '인생 50년'이라는 말이 유행할 정도로 50세면 천수를 누렸다고 말할 수 있는데, 이에야스가 70세 이상까지 장수를 누릴 수 있었던 배경에는 철저한 자기 관리가 있었다.

보통의 식사는 보리밥과 된장국을 주식으로 하고, 기름진 미식은 한 달에 두 세번 정도로 했으며, 술은 좋아하는 편이었으나 지나치게 마시지 않았고, 만년에 이르기까지 운동을 게을리 하지 않았는데, 검도·승마·활쏘기와 함께 매사냥을 즐겼다.

또한, 5세부터 18세까지 이마가와 요시모토今川義元 가에서의 청빈한 인질 생활이 몸에 밴 탓으로 평상시 입는 의복은 헤어질 정도로 빨거나 기워 입었으며, 가끔 사치를 부리는 가신들을 발견하면 근신 처분을 내리는 등 엄하게 다스렸다고 한다.

이에야스는 75세로 생을 마감할 때까지 누구보다도 험난한 세상사의 굴곡을 많이 경험했던 인물이었다.

특히, 주군이라고 할 수 있었던 오다 노부나가의 기존 질서를 파괴하고 신질서를 창조해 나가는 과정에서의 부작용과 좌절은 물론, 협조와 긴장 관계를 유지하였던 도요토미 히데요시의 무모한 조선 침략의 실패 등을 철저히 분석하고 개선하여 정책에 반영함으로써 드디어 천하 쟁패에서 최후의 승리자가 될 수 있었다.

그가 같은 시대를 풍미했던 영웅 노부나가와 히데요시와의 이런 저런 관계를 통해 그가 터득한 처세술을 살펴보면 다음과 같다.

첫째, 그는 어린 시절부터 장기간의 인질 생활로 눈칫밥을 먹으면서 인간 관계의 중요성을 몸소 체득하게 된다. 특히, 가까운 친척보다는 가신을 비롯한 부하들을 매우 중시한다. 왜냐하면, 아버지 마츠다이라 히로타다는 물론 할아버지 마츠다이라 키요야스도 가신에 의해 살해당함으로써 부하를 잘 다루어야 가문을 보존함은 물론 빈번한 전투 등 생존 경쟁에서 살아남을 수 있다는 것을 누구보다 잘 알고 있었다.

둘째, 혈기 왕성한 30대 초반에 다케다 신겐이 이끄는 천하 무적의 군대를 맞아 정면 대결을 벌여 말위에서 똥을 쌀 정도로 혹독한 패배를 맛본 이후, 이에야스는 절대로 무모한 일을 벌이지 않아야 함을 명심한다. 물러날 때는 누가 뭐래도 물러설 줄 알고, 승산 있는 게임에 최선을 다 해야 한다는 것을 명심했다.

셋째, 주군이라고 할 수 있는 오다 노부나가가 급사한 혼노지의 정변 당시 교토 인근에서 머물고 있던 이에야스는 아케치 미츠히데 측으로부터 암살의 위험 속에 천신만고 끝에 고향 오카자키로 돌아오는데, 이때 그 지역의 정보에 밝았던 핫도리 한조우가 이끄는 닌자忍者의 도움을 많이 받았다. 이후 그는 닌자라는 정보망을 비밀리에 운용하면서 영지를 다스리는데 여론을 중시하고 전투에서 상대편의 동향을 파악하는 등 누구보다도 정보를 잘 활용하였다.

넷째, 히데요시와 직접 대결을 벌였던 '코마키 나가쿠테 전투'에서 오다 노부카츠와 연합하여 승리하였음에도 불구하고 나중에 히데요시가 오다 노부카츠를 자기편으로 끌어들임으로써 어려움에 봉착하게 된다. 이를 통해 주변 다이묘들과의 정치 · 외교적인 협조 관계의 구축이 매우 중요하다는 점을 알게 된다.

최근 미국발 금융 위기로 빚어진 세계적인 경제 침체 속에서 어려움을 겪고 있는 우리 경영자들은 이에야스가 걸어 온 삶의 궤적을 통해 조직을 안정적으로 이끌어 갈 수 있는 경영 마인드의 단초를 읽을 수 있을 것이다.

몇 년 전까지만 해도 일본에서는 장기 불황(1992~2002년) 탈출의 분위기 속에서 고이즈미 수상의 등장으로 개혁 노선이 강조되는 가운데, 오다 노부나가의 창조와 파괴는 물론 도요토미 히데요시의 영토 확장 정책 등이 경영자들에게는 기업 구조 조정이나 M&A 등 사업 확장으로 반영되는 등 상당히 인기를 끌었다.

그러나 2008년 하반기 이후 경기 침체 국면에 접어든 요즈음에는 도리어 이에야스가 힘을 쏟았던 조직 안정과 긴축 경영 정책 등이 점차 부각될 것으로 보인다.

현재 도요타 자동차는 2004년도 이후 계속해서 연간 순이익이 1조 엔 이상을 돌파하고, 2008년부터는 GM을 따돌리며 세계 자동차 생산의 수위에 올라선데 이어, 고유가와 온난화에 힘입어 연비가 우수하고(연료 비용이 가솔린차의 30%) 이산화탄소 배출이 적은 하이브리드카의 판매로 매출이 급증하고 있다. 도요타 자동차의 본사가 소재한 나고야 시와 생산 공장이 있는 도요타 시 일원이 과거 이에야스가 둥지를 튼 미카와三河 지역이므로 이에야스와 도요타 자동차가 전혀 인연이 없는 것은 아니다.

지난 1933년 방직 기업체로 출발했던 도요타 자동차는 조직 우선 문화를 기반으로 생산 과정의 모든 낭비 요인을 찾아내어 개선해 나가는 도요타 생산 방식(TPS : Toyota Productivity System)으로 유명하다.

보통 도요타맨이라면, 시골 촌놈 스타일로 우직하고, '마른 걸레도 다시 짠다'는 도요타 방식의 경비 절감과 검소하게 일하는 근로자로서 정평이 나 있는데, 이러한 분위기는 대대로 이에야스 가문을 지탱해 온 미카와 무사들의 분위기와도 일맥 상통한다.

와타나베 가쓰아키 도요타 자동차 사장은 2008년 5월 8일 결산 발표회에서 엔고와 원자재 가격 상승·미국 경기 하락을 이유로 매출과 영업 이익이 줄어들 것이라고 전망하면서 사내 결재 문서에 컬러 복사기 사용 금지, 부·차장 직급의 신간센 특실 이용 금지, 화장실 휴지 아껴 쓰기 등 긴축 경영을 선언한 바 있다.

최근 우리 기업들도 신입 사원을 선발할 때 종전에는 영어 실력이나 학업 성적을 우선시했으나, 최근에는 업무에 대한 성실함과 조직에 대한 충성도 등 인성에 주안점을 두고서 선발하려는 경향이 짙어지는 추세이다. 이에야스의 인내와 성실 그리고 검소함 등은 점점 어려워지는 국내외 경제 환경 속에서 다시 한 번 되짚어 볼 만한 덕목들이다.

현대 경영인이 배워야 할 노부나가,
히데요시, 이에야스 3인의 모습

노부나가의 급한 성질短氣, 히데요시의 자신감自信感, 이에야스의 끈기와 인내가 각자의 성격을 잘 대변하고 있는데, 노부나가는 과거 가치를 중시하는 사회 파괴, 히데요시는 새로운 가치의 사회 건설, 이에야스는 신가치 사회를 장기적으로 유지·관리하는 체제를 확립하였는바, 이들 3인으로부터 '파괴·건설·유지'라는 일련의 국가 개조 작업이 진행되어왔다고 할 수 있다.

현대 사회는 정보 통신의 보급으로 글로벌화되고 고객 측의 정보량과 의식도 높아져 수요도 복잡해지고 있는 가운데, 이 시대의 기업 경영자라면 모든 가치관을 파괴하고 창조하면서 유지해 나가는 위 3인의 작업을 동시에 진행시켜 나가야 한다고 주문하고 있다.

한편, 키쿠사와 켄슈 게이오 대학 상학과 교수도 노부나가는 물리적인 인물로서 과거의 권위와 중세적 가치관을 부정하여 철저히 파괴하고 전투적인 폭력과 힘으로 사람을 복종시키는 타입이었던 데 반해, 히데요시는 심리적인 인물로서 권위는 물론 인정 등 심리적 요소를 적극적으로 이용하여 인심을 장악했던 사람이었고, 이에야스는 지성적인 인물로서 '사람들은 눈에 보이지 않는 법과 제도를 따르게 된다.'는 점을 잘 알고 있었다고 한다.

경영학의 역사를 보면, 종업원을 하나의 기계 부품으로 보는 물리적인 힘에 의한 경영에서 종업원의 심리적인 측면까지도 감안한 심리적 경영, 그리고 인간의 지성을 이해하고 그것에 기인한 시스템과 제도에 의한 경영으로 연구가 진행되어왔다고 평가하고 있다.

노부나가는 50세에 심복 부하의 기습으로 급사하게 되고, 히데요시는 늦은 나이에 아들을 보았으나 너무 늙어서 후계 기반을 확실하게 다지지 못한 아쉬움이 있는 반면, 이에야스는 이 셋 중 가장 젊었던 탓도 있으나 착실히 기반을 닦아 천하를 움켜잡았다.

야마오카 쇼하치가 1950년에 집필한 소설 『도쿠가와 이에야스(德川家康, 혹은 大望으로 소개)』에서 이에야스를 인내심이 강하고 검약한 인물상으로 제시하고 있다. 또한, 강인하고 지모를 겸비하여 전국 시대를 종식시킨 인물로 각인시켜, 조직 생활에서 처세술과 경영 수완을 배우려는 샐러리맨들에게 일본은 물론 우리나라·중국에서도 인기가 상당히 있는 인물이다.

변혁의 주체는 인재다
인재를 키워라

요시다 쇼인(吉田松陰)

요시다 쇼인(吉田松陰, 1830. 8.4~1859.10.27), 일본 에도 시대의 사상가이자 교육자

백년 대계를 꿈꾸며 인재를 양성하다

야스쿠니 신사靖國神社는 도쿄의 중심가에서 가까운 구단시타 역의 언덕 위에 자리 잡고 있다. 그 곳에 가면 전쟁 기념관이라고 할 수 있는 류슈관遊就館이 있고, 그 안에는 메이지관明治館이 위치해 있다. 이 메이지관에 들어가자마자 처음으로 접하는 인물이 요시다 쇼인이다. 사진이 귀한 시대였던 터라 사후에 제자들의 고증을 거쳐 목각으로 조각해 놓은 흉상이다.

요시다 쇼인은 서양 열강의 아시아 진출이 뚜렷해지고 270여 년간 유지해 온 에도막부의 말기이자, 서양의 개항 요구에 노출된 격동기에 부산과 가까운 죠수 번(현재 야마구치 현)의 중심지 하기 교외에서 1830년 8월 하급 무사 출신 스기 유리노스케의 차남으로 태어났다.

요시다 쇼인은 비록 지배 계급인 하급 사무라이 가문의 출신이었으나, 집안이 가난하여 낮에는 농사를 짓고 밤에는 사서 오경 등의 공부를 하면서 성장했다. 특히, 엄격했던 숙부인 다마키 분노신(1810~1876)의 가르침에 많은 영향을 받았다.

어려서부터 장래가 촉망된다는 평을 듣고 자랐으며 8세부터 번에서 운영하는 명륜관明倫館에 출근하여 공부를 했다. 10세 때는 번주인 모리 다카치가 앞에서 병서에 관한 강의를 할 정도로 재능을 인정받았다.

그의 나이 11세(1840년) 때, 영국 함대가 중국을 유린한 아편 전쟁이 발발하여 동양의 맹주였던 중국이 서구 열강에게 점령당하는 소식이 일본에도 전해졌다. 비록 어린 나이임에도 불구하고 쇼인은 이 사건을 예사롭게 넘기지 않고 관심을 가지는 등 해외 사정에 눈을 뜨기 시작했다.

요시다 쇼인은 20세 때, 해외 정세를 더 알기 위해 인근 큐슈 지방의 나가사키를 방문한다. 나가사키 항의 앞바다에 조성된 데지마에는 에도막부가 유일하게 청과 네덜란드에게 문호를 개방하고 있는 사무소인 당관唐館과 란관蘭館이 있어서 이곳을 견학할 수 있었고, 네덜란드 선박에도 승선할 수 있었다. 또한, 서양에서 건너온 와인을 시음하고 빵을 먹어 보는 등 여러 가지 새로운 문물을 직접 몸으로 체험하게 된다.

다음 해, 그는 죠슈 번의 산킨고우타이(다이묘가 1년은 영지에서, 1년은 에도에서 교대로 근무하는 제도)의 수행원으로 에도에 동행하여 그곳에서 다양하고 폭넓은 지식을 접하게 된다. 특히, 포술 학교를 열고 개국론을 주장하던 사쿠마 쇼잔(1811~1864)을 만나 많은 영향을 받게 된다. 사쿠마 쇼잔은 네덜란드 어를 읽을 수 있어 동양은 물론 서양의 사정에도 정통했던 당시에는 극히 드문 인물이었다.

막부 말기의 혼란 시대를 살아야 했던 사쿠마 쇼잔도 1864년 7월 양이파 자객의 칼에 맞아 교토에서 숨을 거둔다. 그의 해양 방어 책략 및 총과 대포에 의한 서양식 군비 태세론은 에도막부 말기의 해군 사령관인 카츠 가이슈에 의해 계승된다.

요시다 쇼인이 일본 사회에 끼친 가장 큰 영향력은 일본의 변방이라고 할 수 있는 야마구치 현 하기에 있던 쇼카손주쿠松下村塾라는 사립 학교에서 2년이라는 짧은 기간 동안 양성한 인물들이 훗날 메이지 유신의 주도 세력이 되었다는 점이다.

이들은 요시다 쇼인을 스승으로 모시고 정계와 관계는 물론 군벌도 장악하면서 오늘날의 일본에까지 그 영향력을 행사하고 있다. 48개 광역 지자체 중에서 야마구치 현은 메이지 유신 이후 현재까지 가장 많은 수상(총 8명)을 배출한 곳이다.

요시다 쇼인은 일본 근대화의 전환점인 메이지 유신을 성공시킨 인물들에게 부국 강병과 식산 흥업이라는 사상적인 토양을 제공하였으며, 자신도 혁명적인 삶을 살다가 안세이 정변安政大獄이라는 당시의 정치적 탄압의 희생물로 29세의 짧은 생을 마감한다.

메이지 유신(明治維新, 1868년)은 에도막부에 대한 저항감이 크고 해외 문물의 동향을 쉽게 접할 수 있는 위치에 있던 죠슈 번(현 야마구치 현)과 사스마 번(현 가고시마 현)의 출신자들을 중심으로 무력에 의해 이루어진 혁명이었다. 이때, 요시다 쇼인은 죠슈 번 출신의 하급 사무라이들을 대상으로 가르쳤다. 난국을 타개하기 위해서는 막부 체제로는 안 되며 천황 중심으로의 정치 변혁이 필요하다는 점을 역설했다.

해외 정보의 중요함을 알고
견문을 넓히려고 밀항을 계획하다

특히, 사쿠마 쇼잔으로부터 서양의 병학을 배우고 대외 사정을 상세히 알 필요가 있다고 느낀 요시다 쇼인은 다양한 해외 정보의 필요성을 절감하고 자신이 직접 해외 견문을 넓히고자 도항渡航을 결심하게 된다. "무릇 오랑캐를 제압하려는 자는 먼저 오랑캐의 사정을 살펴야 한다."고 생각한 쇼인은 적국으로 부상한 미국을 알기 위해 밀항을 작심했던 것이다.

23세 때인 1853년 6월, 미국의 페리 제독이 이끄는 흑선이 동경만에 나타나 개항을 요구하는 사건이 발생하자 일본 전국이 발칵 뒤집어졌다. 요시다 쇼인은 이때를 기회라고 판단하고 고향에서 에도로 상경하나 페리가 인솔했던 흑선은 이미 떠난 후였다. 그러나 페리 함대가 6개월 뒤인 1854년 1월 다시 동경만에 나타나자, 쇼인은 이즈 반도의 시모타 항 앞바다에 정박하고 있던 함대에 비밀리에 접근한다.

24살의 요시다 쇼인은 자신과 같은 고향 출신으로 평민 신분인 제자 카네코 시게노스케와 함께 1854년 3월 27일 야밤을 이용해 어선을 타고 페리가 머물고 있던 함대 미시시피 호에 다가간다. 갑판에 오른 그는 미국으로 밀항을 하기 위해 왔다는 자신의 의사를 밝히고 나서 장문의 편지를 페리 제독에게 건넨다.

당시 미국 함대에는 일본어가 가능한 통역원이 있어 의사 소통에는 불편이 없었다. 요시다 쇼인은 직접 페리를 만나보진 못했으나, 일본에도 이러한 젊은이가 있다는 데 희망이 있는 나라라고 느꼈던 페리 제독은 "체결된 지 얼마 안 된 일본과의 조약을 존중해야 하므로 그대들을 데리고 갈 수는 없다."며 승선 요구를 정중히 거절한다.

미국은 일본과 화친 조약(가나가와 조약, 1854. 3. 3)을 체결하였으며, 이 조약에는 "일본인이 국외로 탈출하는 것을 도와서는 안 된다."는 내용이 포함되어 있었다.

그 당시의 모습을 기록한 『페리의 일본 원정기(1856년 미국 출판)』에는 '요시다 쇼인 일행은 교양이 몸에 배어 있고 유창하고 우아하게 한문을 적었다. 또한, 예의가 바르고 매우 세련되어 있었다.…… 2명의 젊은이들의 행동을 통해서 일본인들이 우리에게 호기심을 갖고 있음을 알 수 있었고, 그러한 일본인의 기질이야말로 장래에 대한 희망이다.' 라고 적고 있다.

어쩔 수 없이 요시다 쇼인 일행은 시모타 항으로 돌아와 지방 정부에 자수를 한다. 즉시, 지방의 관헌은 중앙의 에도막부에 보고하고 요시다 쇼인 일행은 투옥되어 에도로 압송되었으며 나중에 고향인 하기로 보내진다.

당시 내국인이 외국인과 접촉한다는 것은 나가사키의 데지마를 통해서 허가받은 자만이 가능했는데, 하물며 밀항한다는 것은 사형까지도 감수해야 하는 중한 범죄에 해당하는 사안이었다. 비록 밀항 계획이 실패로 끝났으나 에도에서는 요시다 쇼인이라는 청년의 이야기가 퍼지게 되었으며, 프랑스 신문에까지 이 사건이 보도될 정도로 화제가 되었다.

함께 밀항을 시도했던 호기심 많은 카네코 시게노스케(25세)는 감옥에서 피부병으로 고생하다 사망한다. 요시다 쇼인은 자신 때문에 젊은이가 죽게 되었다며 안타까워했다고 한다.

요시다 쇼인은 중죄인에 해당하나 에도막부로부터 내려진 벌은 자택 칩거라는 비교적 간단한 벌이었다. 고향인 하기로 내려오자 노산옥野山獄이란 감옥에 가두는 다소 중한 벌이 내려졌다. 하지만 전화 위복이라고 할까? 1년 여 동안의 투옥 기간 중에 618권에 달하는 도서를 차입받아 읽으면서 국가 경영 방략의 지식을 갖추는 계기가 된다.

도쿄에서 나고야와 오사카 방향인 서쪽으로 가다보면 관광지 하코네를 기점으로 남쪽 아래로 뻗어있는 이즈 반도라는 온천 지역이 있다. 이 지방의 제일 아래에 위치하는 항구 도시인 시모타 시는 요시다 쇼인과 카네코 시게노스케의 동상을 세우고 지금도 페리 흑선 모양의 유람선을 운행하는 등 지역 관광 상품으로 활용하면서 당시의 밀항 사건에 대해 알려 주고 있다.

쇼카손주쿠松下村塾를 열어
메이지 유신을 이끌 인재를 양성하다

요시다 쇼인은 형기를 마치고 고향 하기에서 사립 학교인 주쿠를 열었는데 이것이 쇼카손주쿠로서, 숙부(다마키 분노신, 玉木文之進) 때부터 이어 내려온 사립 학교로서 지역의 인재를 양성하는 기관이었다. 요시다 쇼인이 학교를 운영하면서부터 훗날 에도막부를 타도하고 메이지 유신에 결정적인 공헌을 하게 되는 하급 무사 출신의 인재들이 이곳으로 대거 몰려들게 된다.

대표적인 인물로서 다카스키 신사쿠(1839~1867), 이토 히로부미(1841~1909), 이노우에 카오루(1836~1915), 구사카 겐수이(1840~1864), 카스라 고고로(1833~1877) 등을 들 수 있다.(이들은 모두 일본을 근대 국가로 이끈 인물들이나 우리나라의 입장에서는 국권 강탈의 원흉들로 볼 수 있다.)

쇼인의 교육 방식은 기존의 틀을 벗어나 비교적 자유로운 방식으로 진행되었고, 토론 위주의 교육으로 문제 제기에 스스로 답을 구하는 구조였다. 또한, 교육 장소에서는 신분의 차이를 두지 않았으며, 문하생들 간에 끈끈한 우정을 쌓도록 강조하였다.

공통의 교재가 없었고 쇼인 자신이 당시의 사회적인 현안이나 학생들의 흥미나 관심을 고려하여 그에 적합한 책을 선정하여 공부해 나가는 방식을 취했다. 쇼인은 자신이 학생들을 충분히 가르칠 능력은 없으나, 함께 배우고 가르치면서 공부해 나가자는 전제 하에 토론식 강의를 하거나 그룹별 토의를 통해 결론을 내는 방식을 택했다.

발언이 적은 학생에게는 자신의 의견을 말할 수 있도록 발언 기회를 부여하여 주체성을 배양하는 지도법을 구사하였다. 맹자를 가르칠 경우 단순한 학문의 전달보다 당시의 상황과 그러한 학문이 나오게 된 배경을 도식 등을 그려가면서 강의했다. 이러한 모든 교육은 결국 실천을 해야 살아있는 학문임을 강조한 것은 두말할 나위가 없다.

선생과 제자가 대등하게 정치·경제·사회적인 현안 문제를 공부할 주제로 정한 후, 활발하게 토론하여 쟁점을 정리해 나가는 방식으로 학습을 해 나갔다. 결국에는 모든 토론은 부국 강병의 필요성에 귀결되었고 도쿠가와 가의 에도막부를 타도하고 근대화된 일본을 세워야 한다는 당위성을 일깨우는 계기가 되었다. 분야별로 전문가를 초빙하여 함께 토론하는 공부 방식을 취하기도 했다.

당시 일본에는 절 등에서 서민 자제를 가르치는 서당격인 데라코야(어린이와 청소년 대상 소양 교육에 주력)와 사무라이 자제 및 우수한 서민 자제가 다닐 수 있는 번교(한코우, 藩校)가 있었으며, 별도로 전문성을 요하거나 서민이나 사무라이 등 계층을 따지지 않은 사립 학교로서 쇼카숀주쿠와 같은 사립 고등 교육 기관이 함께 존재했다.

요시다 쇼인은 쇼카숀주쿠에서 문하생들에게 에도막부가 미국과 체결한 미일수호통상조약(1858년 6월)이 천황의 결재를 받지 않고 외교적 대표권도 없는 막부가 독단으로 행사한 조약이라고 비판하면서 존왕 양이의 사상을 전파해 나간다.

당시 일본의 대외 정세는 미국과 막부 간에 미일수호통상조약이 체결되어 국내에서는 막부가 천황이 있는 조정의 의견을 묻지도 않고 조약을 체결한데 대한 비판과 존왕 양이의 분위기가 고조된다.

요시다 쇼인의 행동도 이전보다 과격해져서 막부의 정치 행위를 노골적으로 비판한다. 이러한 막부 체제에 대한 비판 교육으로 인해 얼마 지나지 않아 지방정부인 죠슈 번은 쇼카숀주쿠에 대한 폐쇄 명령을 내리고 요시다 쇼인을 재차 투옥(1858년 12월, 安政 5년)시키게 된다.

막부 통치에 위기감을 느낀 당시의 총리격인 이이 나오스케는 안세이 정변(安政大獄)이란 탄압 정책을 추진하면서 당시 막부 체제에 도전했던 대표적인 개혁파로 지목된 6명에게 사형 선고를 내리는데, 요시다 쇼인도 여기에 해당되어 에도로 압송된 후 참수형(1859. 10. 27)을 당하게 된다.(안세이 정변에서 막부 체제를 부정하고 존왕 양이의 노선을 내세워 옥사했던 우메다 운빙이 "하기에서 쇼인을 만났다."는 진술이 나오자 쇼인이 연루되고 사형이 언도된다.)

그때 쇼인의 나이가 겨우 29세였다. 죽음을 앞두고 그는 최후의 변론에서 자신의 부국 강병책을 설파하면서 일본의 역사에 비추어 막부 권력은 위법이며, 오히려 그 권력의 행사가 범죄에 해당한다고 당당히 주장한다.

쇼인의 죽음은 쇼카손주쿠의 문하생들에게 깊은 충격을 줌과 동시에, 함께 배웠던 1년 수개월(1856년 8월~1858년 12월)간의 생활은 학생들 간에 우정을 깊게 하고 강한 결속력을 만들어 쇼인의 유지를 이어가자는 움직임이 일어나게 된다.

다카스키 신사쿠와 구사카 겐수이를 중심으로 문하생들은 막부를 타도하고 새로운 왕정 복고의 정치 체제를 구축하자는 대변혁의 중심에 서게 된다. 가령, 다카스키 신사쿠가 조직한 기병대奇兵隊는 신분에 관계없이 누구라도 입대할 수 있는 민병대의 역할을 하면서 죠슈 번의 무력의 중심세력을 형성하게 되는데, 이는 스승인 쇼인의 평등주의에 힘입은 바 크다.

이 외에도 요시다 쇼인의 문하생들은 메이지 유신 전후에 일본의 국가 운명의 방향을 가르는 과정에서 핵심적인 역할을 하게 된다. 다카스키 신사쿠, 구사카 겐수이, 이리에 쿠이치 등이 질병이나 정변으로 도중에 꽃을 피우지 못하고 사라졌으나, 이토 히로부미(4번의 수상 역임), 야마가타 아리토모(2번의 수상 역임), 시나가와 야지로(내무 대신 역임) 등이 메이지 유신 이후 신정부에서 수상을 비롯하여 수차례 내각을 역임하는 등 국가 경영의 중심에 섰고, 고향 죠슈 번 출신의 후배들을 다수 기용하여 근대 일본의 초석을 다졌다.

최근까지도 죠슈 번(현재의 야마구치 현)은 패전 이후 기시 노부스케, 사토 에이사쿠, 아베 신조로 이어지는 3명을 포함하여 수상을 8명이나 배출하는 기염을 토하고 있으며, 야마가타 아리토모 이래 육군 군벌의 중심지로 부상하는 토대를 제공하였는데, 이는 요시다 쇼인에게서 그 뿌리를 찾을 수 있다.(우리나라에서 가까운 곳인 야마구치 현에서는 지금도 요시다 쇼인을 선생님으로 호칭하고 있으며 경어를 붙이지 않으면 핀잔을 들을 정도라고 한다.)

현재 도쿄에도 세타가야구 와카바야 시에는 쇼인을 기리는 신사가 있는데, 제자였던 이토 히로부미 등에 의해 개장된 요시다 쇼인의 묘가 신사 내에 안치되어 있다.

비록 짧은 생을 마감했으나 쇼카손주쿠에서 그에게서 학문을 배웠던 문하생들이 막부를 타도하고 메이지 유신을 통해 새로운 시대를 열게 됨으로써 요시다 쇼인이 주장했던 부국 강병이라는 유지는 사라지지 않고 계승 · 발전하게 된다.

변혁의 완성은 실행에 옮기는 것, 실천력을 강조하다

"학문도 중요하지만 알고 있는 것을 실행에 옮기는 것이 사나이의 길이다.

시도 좋으나 서재에서 시만 짓는 것은 부질없는 일이다.

사나이는 자신의 인생을 한 편의 시로 만드는 것이 중요하다."

－『료마가 간다』, 시바 료타로 지음 －

짧은 인생 속에서 지행 합일의 모범을 보여 준 요시다 쇼인. 그를 말하는 문구이다. 이런 요시다 쇼인에게 가장 큰 영향을 끼친 것이 그의 숙부였다. 그리고 그 숙부가 세운 쇼카숀주쿠는 이후 메이지 유신이란 국가 개조의 기치를 내걸었던 젊은 혁명가들의 정신적 고향이 된다.

쇼카숀주쿠는 요시다 쇼인의 숙부인 다마키 분노신이 1842년 자택에서 가까운 곳에 사설 학교인 사숙私塾을 열었던 게 시작이었다. 우리나라의 서당에 해당하는 곳이기도 하다.

쇼인은 형인 우메타로우와 쇼카숀주쿠를 다니면서 숙부에게 직접 가르침을 받았는데 숙부가 특히 강조한 것은 많이 배우는 것보다 하나를 배워도 이를 실천하는 것이 중요하다는 것이었다. 귀가 따갑게 들었던 지행 합일의 원칙은 쇼인이 존왕 양이의 사상을 가지고 죽음을 각오하면서 실천하려고 했던 원동력이 되었다.

1857년 쇼인은 고향으로 돌아와 중단되었던 숙부의 사숙을 개보수하여 쇼카숀주쿠를 다시 열었다. 당시 죠슈 번의 중심지 하기에는 번에서 운영하는 번교藩校와 명륜관이 있었으나 신분이 낮은 계층의 자제는 학업에 뜻이 있어도 들어갈 수 없었던 연유로 쇼카숀주쿠로 몰려들었다.

요시다 쇼인은 옥중에서 집필한 『유수록幽囚錄』 등을 통해 천황의 친정 체제가 이루어지고 있던 고대 일본은 한반도의 삼한을 복속시켜 조공을 받치게 하였으며, 임나일본부가 통치 기능을 하고 있었다고 역사적인 사실에도 없는 것을 사실인양 주장하고 있다.

한 술 더 떠서 진구 황후(神功皇后 : 신라에 군대를 이끌고 진출했다는 전설적인 황후)와 임진왜란을 일으킨 도요토미 히데요시를 칭송하면서, 앞으로 일본은 홋가이도를 개척하고 오키나와를 거둔 후 조선을 취하면서 만주를 분쇄하고 중국을 제압하여 인도까지 진출함으로써 도요토미 히데요시가 이루지 못한 바를 이룩해야 한다고 강조하고 있다.

이러한 조선 정벌이 필요하다는 정한론은 도요토미 히데요시의 대륙 침략 사업을 이어받아 일본의 국체를 온전히 하기 위한 불가결한 작업이라고 하면서, 일본인으로서 대를 이어 추구해야 할 숭고한 사업이라고까지 설파하고 있다.

이러한 사상은 메이지 유신 이후 신정부 때 권력 투쟁에서 패배했던 사이고 다카모리와 자유 민권 운동을 주창했던 이타가키 타이스케를 중심으로 한 정치 세력들이 정한론征韓論을 주장하는 이론적인 토대가 되었으며, 후쿠자와 유키치의 '조선은 미개하므로 일본이 이끌어 주어야 한다.'는 조선 멸시 및 '서양 문명국과 진퇴를 같이하며 아시아의 분할에 참가해야 한다.'는 탈아 입구脫亞入歐 사상에도 영향을 미쳤다.

요시다 쇼인이 젊은 날에 죽자, 그 문하생들이 메이지 신정부를 이끌어 감으로써 자연스럽게 한반도 병탄은 국시國是로서 자리 잡았으며, 사이고 다카모리를 비롯한 정치 세력들의 정한론은 오쿠보 도시미치, 이토 히로부미 등의 집권 세력들에 의해 강화도 앞바다에서의 운요호 사건(1875. 9. 20)으로 나타난다.

이후 정한론은 제2차 세계 대전 때 득세한 가고시마 현(사이고 다카모리 고향, 해군 장악)과 야마구치 현(요시다 쇼인의 고향, 육군 장악) 출신의 군벌들을 중심으로 한 대동아 공영권大東亞共營圈으로 발전하게 된다.

지금도 일본에서 가끔 정치인들이 당시 조선 식민 지배를 정당화하거나 독도를 일본 영토의 일부라는 억지를 부리는 망언을 하는 것을 볼 수 있는데, 이것은 쇼인으로부터 씨앗이 뿌려진 팽창주의적인 보수 우익 사상이 그 기저에 깔려 있음을 간과해서는 안 된다.

강한 일본을 지향하며 헌법 개정에 앞장섰던 아베 신조(재임간 2006. 9 ~2007. 9) 전 수상은 어린 시절부터 외조부 기시 노부스케(1957. 2~1960. 7 간

수상 재임, 태평양 전쟁 A급 전범 용의자)로부터 요시다 쇼인과 그의 애제자 다카스키 신사쿠의 이야기를 자주 들었다고 하는데, 요시다 쇼인에 대해 아래와 같이 설명하고 있다.

"메이지 유신을 일으킨 원동력은 요시다 쇼인의 행동력이었다. 쇼인이 있었기에 다카스키 신사쿠가 나왔다……."

참고로 아베 신조 전 수상과 그의 아버지 아베 신타로(외상 역임)의 이름 가운데 '신晋' 자는 모두 요시다 쇼인이 가장 아꼈다는 수제자, 다카스키 신사쿠의 신晋 자에서 따왔을 정도이다.

아직도 일본에서는 메이지 유신을 개창한 인물들에게 지행 합일의 행동력을 강조하고 사상적 기반을 만들어 주었던 요시다 쇼인의 인기가 높다는 반증이며, 다른 한편으론 일본의 보수 세력의 토대가 굳건해지고 있다는 것을 보여 주는 실례이기도 하다.

지행 합일의 본보기
요시다 쇼인에 대한 사랑

일본에서 에도막부 말기에 서구 열강으로부터 나라를 구한 지사의 스승으로 불리는 요시다 쇼인은 "학문이라 함은 출세를 위한 것이 아니라, 시대를 알고 나라를 위해 도움이 되는 힘을 기르는 것이다. …… 하늘 높이 솟아올라서 세상의 모든 소리를 들으면서 큰 눈을 떠야 할 것이다."라는 말로 젊은 인재들을 감동시켰고, 마침내 그들로 하여금 미래의 일본을 위해 몸과 마음을 내던지게 했다.

젊은 나이에 먼 장래를 내다보는 긴 안목·원대한 포부·선구자적 사명감과 열정 그리고 능력을 감안해 본다면, 우리나라에 쓰라림을 안겨 주었던 정한론을 주장한 장본인임에도 불구하고 우리는 그를 긍정적으로 바라보아야 할 부분이 있다.

대내외 정세를 꿰뚫어보고 예측하여 실천하는 능력, 그리고 자신이 정립한 사상을 젊은이들에게 학습과 교육을 통해 확장시키고 싹을 키우는 과정은 생각보다는 그리 오랜 시간이 걸리지 않는다는 것을 그는 몸소 보여 준 것이다.

작금의 어려운 경제적 위기 상황에서 우리의 정치인과 경영자는 물론 후진을 양성하는 지도자급 인사들이 배워야 할 안목이 아닌가 싶다.

야마구치 현 교육 위원회는 2009년 4월 신학기부터 현내의 공립 소·중학교의 수업 시간에 지역 출신의 막부 말기 지사로 이름 높은 요시다 쇼인을 소재로 한 수업을 하도록 장려하였다.

교육 위원회의 수업 장려는 "전통과 문화를 존중하고 일본과 향토를 사랑한다."는 내용으로 2006년 개정된 '교육 기본법'에 애국심 조항이 도입되어 신학습 요령이 2012년까지 실시되기 때문이다.

구체적인 교육 방법은 각급 학교에 위임하나 다음과 같은 것들이 학교에서 행해지고 있다.

- 웅변 대회
- 사적 방문
- 어린이용 카드 놀이
- 아침 조례시 쇼인의 업적을 전하는 것

야마구치 현에 의하면, 청소년들에게 쇼인을 교육시키도록 장려하게 된 것은 2009년이 쇼인 사망 후 150년째가 되는 해로 전국적인 주목을 받을 가능성이 높은데다, 다카스키 신사쿠, 이토 히로부미 등을 교육했던 인물이기 때문이라는 설명이다.

자유로운 발상 냉철한 판단
과감한 행동으로 역사를 바꿔라

사카모토 료마(坂本龍馬)

사카모토 료마(坂本龍馬, 1835. 1. 3~1867. 12. 10). 일본 에도 시대의 무사

남보다 한발 앞서 생각하고,
늘 새로움을 추구하다

료마만이 파격적이었다. 이러한 유형은 에도막부 말기, 유신 때 생존했던 수천의 지사 중에서 단 한 사람의 유례도 찾아볼 수 없다. 일본 역사가 사카모토 료마를 가졌다는 것은 그 자체가 기적이다. 왜냐하면, 하늘이 이 기적적인 인물을 내리지 않았다면 역사는 바뀌지 않았을 지도 모르기 때문이다. …… 일본 역사가 소유하고 있는 '청춘' 가운데 세계 어느 민족 앞에 내놓아도 충분히 공감을 얻을 수 있는 청춘은 '사카모토 료마' 밖에 없다.

한마디로 말해서 료마는 놀라울 정도로 유연한 두뇌와 강한 인내력이 뒷받침된 실천력으로 일본을 '세탁'하고 근대라는 새로운 역사의 장章을 연 평화 혁명의 투사였다.

－『료마가 간다』 시바 료타료, 지음 －

일본의 국민 작가 시바 료타료가 장편 소설 『료마가 간다』에서 표현한 료마이지만, 실제로도 료마의 행적은 시바를 반하게 할 정도로 매력적인 사내였던 것 같다. 저자의 상상력 속에서 어느 정도는 과장되었을 수도 있지만 시바 료타료에 의해 잊혀질 뻔했던 일본의 청춘이 살아나 일본인들의 가슴에 새겨져 있으니 말이다.

그동안 평범한 일본 사람들은 료마를 단지 동지를 배신한 사람이라고만 느꼈을 테지만 늘 남들보다 한 발 앞서가는 사고를 하고 구체적으로 실행하는 료마의 모습에서 료마 만큼 발상이 자유롭고, 판단이 빨랐으며, 행동이 구체적이었던 사람은 역사상 다시 없었음을 알게 되었을 것이다.

유혈 혁명에 적극적으로 가담해 에도막부를 위협하면서 결정적으로 무력 진압이란 디데이를 하루 앞둔 날, 극적인 협상으로 에도막부의 항복을 받아 내 유혈 혁명으로 치달을 뻔한 사건을 무혈 혁명으로 이루어 낸 그의 치밀한 계획과 발상 및 행동은 료마가 아니면 이루어 낼 수 없는 일본의 역사적 쾌거였다.

물론 그 과정에서 함께 유혈 혁명을 준비했던 동지들로부터는 '배신자'라는 욕도 들었지만, 그는 그것마저도 신경 쓰지 않았다. 그는 대大를 위해서는 소小를 버릴 줄 아는 모든 굴레로부터 자유로운 자유인이었으니까……

어려서는 울보에 오줌싸개라는 별명이 있을 정도로 또래 아이들보다 뒤처지는 료마였지만, 검술을 배우면서부터 뛰어난 능력을 보이며 이름을 드러내기 시작했다. 부모보다는 장부 기질의 누이인 오토메의 영향을 많이 받아 누이를 많이 따르기도 했다.

실제로 그의 행적이 두드러지게 나타나 메이지 유신의 틀을 마련하기 시작한 것은 그의 나이가 28세를 지나면서부터였다. 그리고 드디어 유신에 성공한 후에는 그 혜택을 보기도 전인 33세의 젊은 나이에 피살되고 만다. 그의 삶은 짧았지만 그가 남긴 흔적은 굵고 길었다.

"나는 어제의 내가 아니다."

늘 새로움을 추구하기도 했지만 그렇다고 새로운 것을 창조했다기보다는 주변의 논리와 현상을 잘 파악해 합리적인 대안을 마련하는 것이 그의 능력이었다. 그래서 그는 항상 새로웠다. 어제의 나를 기억하고 있다면 미래는 없는 것이기 때문이다. 그리고 새로움을 만들어 내는 그의 발상은 결코 과거에 얽매이지 않는다. 자유로움에서 그의 진면목이 나타난다. 주변의 평이나 말에 절대로 흔들리지 않는다. 시험해 보고 실수를 하면 다시 돌려서 생각하고 행동하는 그는 진정한 자유인이면서 미래인이었다.

여성에 대한 사고 방식 역시 그는 남달랐다. 아내를 친구처럼 대하면서 당시에는 상상할 수 없었던 신혼 여행을 실행할 정도로 그의 사고는 열려 있었다.

1835년 료마가 태어난 도사 번은 지금의 시코쿠 지방의 고우치 현이다. 당시의 에도막부 시대에는 엄격한 사농공상의 신분 제도가 존재하였다. 선대로부터 상업에 종사하여 모은 돈으로 하급 무사의 관직을 사서 할아버지 대부터는 무사 계층의 반열에 오르게 되었으나, 하급 지위로서 신분 상승의 벽을 실감하면서 살았다.

한편, 일본을 둘러싼 국내외 정세는 격변의 시대를 맞이하게 되는데, 이 때는 다름 아닌 서구 열강이 산업화에 성공하여 원료 공급지의 확보와 시장 판로의 개척을 위해 아시아를 대상으로 식민지 경영에 나서기 시작한 서세 동점의 시기이기도 했다.

그러한 대표적인 사건으로 1840년 아편 전쟁이 발발하고 중국이 처참하게 패배하여 불평등 조약인 남경 조약(1842년 6월)이 체결되었다는 소식이 일본에까지 전해진다.

240년 동안 평화 시대를 구가하던 에도막부의 정부는 발칵 뒤집히면서 가까운 장래에 일본에도 서구 열강의 식민지 개척이라는 파도가 밀려올 것이라는 우려 깊은 여론이 높아지기 시작한다.

그로부터 10년이 지난 1853년 6월, 미국의 태평양 연안을 관할하는 함대 사령관 페리(1794~1858) 제독이 검은 색칠을 한 거대한 함대(속칭 흑선이라고 칭함) 4척을 거느리고 동경만에 나타나 개항을 요구하게 된다. 그러나 중앙 정부인 에도막부는 허둥대기만 할 뿐 제대로 대처하지 못했고, 이런 모습들은 그대로 국민들에게 노출된다.

당시 18세였던 료마는 검술 수업을 받기 위해 고향 도사를 떠나 동경에 올라와 있었고 페리 제독의 함대가 동경만에 나타나자 방어를 위해 도사 번의 병사로 차출되어 해안 경비를 담당하기도 했다. 이때 료마는 외세를 오랑캐라고 단정하고 외세를 배척하는 척외 양이斥外洋夷 사상으로 무장하게 된다.

페리 제독의 흑선 소동을 계기로, 료마는 직접 자기 눈으로 외국 함대의 엄청난 군사 규모를 보았던 터라 당시의 개화 사상가였던 사쿠마 쇼잔(1811~1864)의 문하에 들어가 서양의 포술砲術 등 서구 문물에 대한 지식을 쌓기 시작한다.

또한, 같은 고향 출신으로 미국에 유학했던 경험이 있는 존만지로(John萬次郎, 1827~1898)가 기술한 서적을 구해 읽고 미국 등 서양의 사정을 알게 된다. 이때부터 료마에게는 일본이 서구 열강에 지배받지 않고 발전하기 위해서는 서구의 선진 문물을 받아들이고 식산 흥업을 통한 부국 강병을 도모하지 않으면 안 된다는 자각 의식이 서서히 싹트게 된다.

그러나 료마가 결정적으로 개화·개방 사상과 부국 강병의 필요성을 인식하게 되는 계기는 카츠 가이슈라는 에도막부의 고급 관료를 만나고 난 이후부터이다. 료마는 척외 양이의 사상이 강했던 27세 때, 그를 암살하기 위한 자객 신분으로 지금의 도쿄 아카사카赤坂에 있는 카츠 가이슈가 거처하는 곳을 방문한다.

이 때 료마로부터 자신을 찾아온 이유를 들은 카츠 가이슈는 태연하면서도 침착한 태도로 "나를 죽이기 전에 먼저 내 말을 들으면 이해할 것이다."고 말하면서 료마를 설득한다. 그는 료마에게 외세가 일본의 영토를 침범하는 현 상황에서 세계 정세를 감안할 때, 일본이 개방을 해야 하는 이유와 해군 양성의 필요성을 조목조목 설명한다. 열린 사고를 가졌던 료마는 그 자리에서 감명을 받아 양이론에서 개국론으로 입장을 바꾸게 되고, 카츠 가이슈의 제자가 되어 일생을 통해 큰 영향을 받는다.

나중에 카츠 가이슈는 에도막부의 해군 사령관으로서 료마와 손잡고 한적한 어촌에 불과했던 오사카 인근의 고베에서 해군 양성에 힘을 기울였고, 1860년에는 견미사절단遣美使節團을 실은 칸린마루 함장으로서 미국을 방문하여 서양 문물의 도입에 앞장섰다. 그리고 천황 옹립파와 막부 유지파 간의 에도를 둘러싼 공방전을 앞두고 사이고 다카모리와 담판(1868.3.13~14)하여 당시의 에도를 전란에서 구한다. 그 덕에 전란을 피한 도쿄는 지금도 그 모습을 그대로 간직하고 있다.

현재도 도쿄 시민들은 과거의 정취와 현재가 공존하는 세계적인 도시의 풍광을 유지하는데 카츠 가이슈의 공로가 컸다며 당시의 영단을 높이 평가하고 있는데, 그 때의 담판 장소였던 에도 시대의 사스마 번 출장소 자리(현재 도쿄 미나토구 미타 역 인근, 게이오 대학에서 가까움)에 기념비를 세워 그 뜻을 기리고 있다.

나의 길을 찾아 해군을 양성하고,
최초의 종합 상사를 운영하다

료마는 당시의 지배 체제인 에도막부의 봉건적 통치 구조로는 이미 강성해진 외세에 대항할 수 있는 부국 강병의 길을 개척할 수 없다고 결심하고, 27세(1862년 3월) 때 자신이 소속된 도사 번의 하급 무사의 지위를 포기한다. 지금 같으면 군대를 탈영하는 것과 같은 탈번脫藩을 강행하게 된 것이다.

도사 번에서 가까운 고베에서 카츠 가이슈의 도움으로 해군 훈련소를 설립하여 젊은이들을 규합해 해군 양성에 필요한 항해술 등을 가르치게 되나, 에도막부로부터 불온한 조직이라는 이유로 예산 지원이 차단되어 얼마 후 해산하게 된다.

하지만 이때 료마가 고베 해군 학교에서 양성한 인재들이 훗날 일본 해군 인재의 근간을 형성하게 되어 청일 전쟁(1894. 6~1895. 4)과 러일 전쟁(1904. 2~1905. 9)을 승리로 이끌게 된다. 그 후 규슈의 나가사키로 건너가 일본 최초의 종합 상사라고 할 수 있는 결사結社조직인 카메야마사추를 창설하는데 이때 그의 나이 30세(1865년)였다.

이 조직은 해운업과 사설 해군을 두루 갖추었는데, 고베의 해군 훈련소에서 습득한 무장 능력을 겸비하면서도 해운 유통을 통해 비즈니스를 전개한다는 것으로, 대부분의 자금이 사스마 번의 재정 지원에 의해 조달되고 있었다.

료마는 사스마 번의 자금으로 영국의 상선을 구입하거나 임차하여 평상시에는 무역업에 종사하면서 돈을 벌어들이고, 유사시에는 막부의 통치 체제에 불만을 품고 있는 사스마 번(현재 가고시마 현)과 죠슈 번(현재 야마구치 현)의 막부 체제에 대한 반란을 후방에서 지원한다는 계획이었다.

당시 20여 명 정도로 운영되던 종합 상사인 카메야마사츄는 지금에야 흔하고 자본주의 사회에서는 당연한 부의 창출이라 생각할지 모르지만 당시 일본 사회에서 외국과의 무역 유통업을 통해 국부를 창출하겠다는 것은 매우 참신한 발상이었다.

나가사키에 둥지를 틀었던 이 종합 상사의 운영은 오래 가지 못했다. 그러나 여기에 종사했던 인재들이 사스마 번과 죠슈 번을 연결하는 가교 역할을 하여 나중에 에도막부를 타도하는 물리력을 결성하는 삿초동맹薩長同盟으로 연결시키는 역할을 하게 된다. 대표적인 인물로 일본 최고의 외상 가운데 한명이라고 일컬어지는 무츠 무네미츠(1844~1897, 1895년 4월 청일 전쟁을 종결짓는 시모노세키 조약 당시 외상으로서 협상 주도)와 일본의 4대 재벌 그룹 중 하나인 미츠비시 그룹의 창업자인 이와사키 야타로

(1835~1885) 등이 배출되었다.

　미츠비시 그룹의 이와사키 야타로는 료마와 같은 도사 번에서 출생한 신분이 낮은 하급 무사 출신이었다. 료마가 원시적인 형태의 종합 상사를 운영하고 있던 나가사키에서 33세의 이와사키 야타로는 도사 번이 설립한 무역 회사에 파견 근무한 것을 계기로 동향 출신의 료마와 친하게 지내게 된다.

　특히, 료마는 이와사키 야타로에게 상선을 이끌고 세계를 무대로 장사를 하고 싶다는 말을 자주 한다. 그러나 료마가 자객의 칼에 의해 세상을 떠나자, 야타로는 그 유업을 계승해 해운 회사를 설립하여 해상 무역을 통해 막대한 이익을 거두게 되고, 드디어 미츠비시 그룹으로 성장시키게 된다.

　물론 이 그룹이 성장하게 되는 데에는, 메이지 유신을 통해 정권을 잡은 세력이 료마와 친했던 사스마 번과 죠슈 번은 물론 고향인 도사 번 출신이였기에 가능했던 정경 유착의 산물이라고 해도 과언이 아니다.

　이런 덕분에 미츠비시 그룹은 과거 에도막부 시절부터 명성을 쌓아 온 미츠이, 야수다, 스미토모 재벌과 더불어 일본 4대 재벌의 반열에 오를 수 있었다.

삿초 동맹을 성공시켜
에도막부 타도의 발판을 마련하다

오늘날 료마가 일본인들에게 사랑받고 있는 가장 큰 이유는, 에도막부를 타도하고 메이지 시대라는 새로운 시대를 열었던 토대를 제공한 삿초 동맹薩長同盟을 막후에서 창출했던 주역이라는 데 있을 것이다.

국민 작가 시바 료타료가 『료마가 간다』라는 제목의 장편 소설을 썼던 모티브도 삿초 동맹에서 비롯되었다고 한다. 당시에는 누구도 감히 생각할 수도 없었고, 비록 생각을 하였다고 해도 실행에 옮기기가 무척 어려운 것이었다.

당시 일본 본토에서 가장 멀리 떨어진 큐슈 지방의 사스마 번과 본토 서쪽 끝에 위치한 죠슈 번은 에도막부 시대에 찬밥 신세의 대우를 받고 있었다. 통상 에도에 가까운 지역에는 쇼군의 친척이나 충성심이 강한 측근의 다이묘를 배치하고 충성도가 떨어지고 모반의 우려가 있다고 여겨지는 다이묘는 쇼군이 집무를 보는 에도로부터 멀리 떨어진 곳에 배치시켜 놓았던 것이다.

도요토미 히데요시 계열에 가까워 도쿠가와 가로부터 경계의 대상이었던 사스마 번과 쵸슈 번은 에도에서 멀리 떨어져 있었으나 지리적으로는 서양의 선진 문물을 쉽게 접할 수 있는 일본 열도의 서쪽 해안에 자리 잡고 있었다. 또한, 그곳을 지배하는 사무라이 계층은 국제 정세에도 밝았으며 다가올 새로운 시대에는 현재의 에도막부 통치 체제로는 한계가 있음을 절감하고 있었고, 새로운 체제로서 무인 정권인 막부 체제를 뒤엎고 천황 중심의 왕정 복고를 모색하고 있었다.

그러나 사스마 번과 쵸슈 번은 견원지간이라고까지 말할 정도로 사이가 매우 좋지 않았는데, 공교롭게도 이때 에도에 있는 막부가 사스마 번으로 하여금 쵸슈 번을 정벌하도록 하는 등 적절히 서로를 이간질 시키는 정책을 사용함으로써 이들의 틈을 갈라놓고 있었다.

이러한 상황 속에서 물과 기름과 같았던 사스마 번과 쵸슈 번을 화해시켜 통합된 힘을 가지고 중앙의 에도막부에 대항하게 하고자 하는 외교적인 발상이 료마의 자유로운 사고로부터 나오게 되며, 이를 성사시키기 위해 료마는 뜻을 같이할 동료, 나가오카 신타로 등과 함께 동분서주하게 된다.

료마는 나가사키에 머물면서 사스마 번의 사이고 다카모리와 쵸슈 번의 카스라 고고로(이후에 기도 다카요시로 개명) 등을 빈번히 만나면서 이들을 숙적 관계로부터 친구 관계로 전환시키는 중재에 나서게 된다.

처음에는 상대편 모두가 의심하게 되고 자리를 같이 하려고도 하지 않았으나, 료마 특유의 친화력과 설득에 힘입어 드디어 료마의 나이 31세 때인 1866년 1월 교토의 사스마 번의 출장 사무소薩摩藩邸에서 은밀히 만나 삿초 동맹을 체결한다. 이 동맹을 계기로 사스마 번은 죠슈 번에게 해군을 지원하여 막부 연합군의 죠슈 번에 대한 공격을 격퇴하는 등 비밀 군사 동맹의 효과를 보게 된다.

그러면 왜 사스마와 죠슈는 비밀 군사 동맹에 조인하게 되었을까. 물론 료마라는 탁월한 중재자의 노력에 힘입은 바가 크나, 당시의 국내외 정세 판단도 고려되어야 할 것이다.

예를 들어, 사스마 번은 번주의 아버지인 시마츠 히사미츠가 에도를 다녀오는 길에 요코하마의 나마무기라는 곳에서 말을 탄 영국인 일행과 조우하게 된다.(당시 요코하마는 개항되어 외국인이 다수 거주했다.) 다이묘를 수행하던 사무라이들은 말을 탄 채 옆에 비켜서 행렬이 지나가기를 기다리던 영국인들을 무례하다는 이유를 들어 소지하고 있던 칼로 이들 외국인들을 베어 버리는 사건이 발생(1862년 8월)하게 된다.

그 결과, 영국과 사스마 번 간에 배상금 지불과 사과를 둘러싸고 이견이 발생하여 해결을 보지 못하자, 결국에는 1863년 7월 전쟁薩英戰爭이 발발하게 되고, 사스마 번은 영국 해군의 집중적인 함포 사격을 받아 주요 항구가 초토화되는 뜨거운 맛을 보게 된다.

또한, 죠슈 번도 부산과 가까운 시모노세키下關 해협을 왕래하는 서양 상선의 통행을 방해했다는 이유로 영국 · 미국 · 프랑스 · 화란 등 4개국 연합군과 전쟁(1864년 5월)을 벌이게 된다. 여기에서 4개국 연합군은 3일간에 걸쳐 17척의 함대와 대포 290여 문 · 병사 5천여 명이 시모노세키

일원에 상륙하여 쑥대밭으로 만들어 놓는다.

이와 같이 사스마 번과 죠슈 번은 전쟁에 참가했던 하급 무사들을 중심으로 자신들의 척외 양이 사상의 무모함을 뼈저리게 체험하고 선진 문물을 수용하여 부국 강병에 노력해야 한다는 근대화의 필요성을 절감한다. 그리고 당시 강대국이었던 영국 등에게 접근하기 위한 외교적인 노력도 강화하게 된다.

사스마 번의 사이고 다카모리, 오쿠보 도시미치, 죠슈 번의 기도 다카요시, 이토 히로부미 등은 당시의 지배 체제인 에도막부를 뒤엎고 천황 중심의 왕정 복고를 강하게 열망하였다. 그러나 료마는 사스마-죠슈 연합군의 무력에 의한 막부 토벌에 반대하는 입장을 취하면서 쇼군 중심의 막부 정권으로부터 자발적인 정권 이양을 추진하게 된다.

이에 따라, 자신의 의중을 고향인 도사 번의 번주(야마노우치 요유도우)를 통해 에도막부 측에 들어가게 하여 쇼군의 결단을 촉구하도록 한다. 결국 15대 쇼군 도쿠가와 요시노부가 교토에서 1867년 10월 사스마-죠슈 연합군과의 싸움 없이 270여 년 동안 유지해 온 막부 정권을 천황에게 스스로 이양하게 되는 대정봉환大政奉還을 단행하게 된다.

그러나 막부 체제가 무너지고 천황 중심의 새로운 정치 지배 체제의 개화를 앞둔 시점에서, 대정봉환이 있은 지 한 달 후에 료마 자신은 막부 체제를 유지해 보려는 수구 세력인 신센구미의 자객에 의해 교토에서 피살되는데 이때 그의 나이가 33세였다.

근대 일본의 역사를 새롭게 쓴
자유로운 발상과 구체화된 행동력

지난 2000년 3월 아사히 신문은 21세기 밀레니엄 특집을 게재하면서 "지난 천 년간 일본의 최고 정치 지도자는 누구인가?"라는 설문 조사를 실시했다.

조사 결과는, 사카모토 료마가 1위에 선정되었고, 도쿠가와 이에야스(2위), 오다 노부나가(3위), 다나카 가쿠에이(4위), 요시다 시게루(5위), 도요토미 히데요시(6위)가 그 뒤를 이었다.

현대의 일본인들이 료마를 높이 평가하는 것은, 삿초 동맹을 성사시켜 메이지 유신이라는 새로운 국가 건설의 기반을 마련하는 데 결정적인 역할을 했다는 점일 것이다. 그러나 한편으로는 역사와 사회를 보는 인식의 한 틀을 제시하는 등 현대 일본인의 정신 세계에 큰 영향을 끼친 인물이라고 일컬어지는 시바 료타료(1923~1996)의 공헌을 빼놓을 수 없다.

시바는 1962년 6월부터 4년간 산케이 신문에 연재한 원고 8,000 매 분량의 장편 소설 『료마가 간다』를 통해 국가의 장래에 대한 확고한 비전과 시대를 읽어 내는 넓은 안목 위에서 쾌남아로서 료마를 그리고 있다. '한 조각 꿈만 가진 젊은이' 료마의 우국 충정과 새로운 국가 형성을 위한 고뇌는 일본 젊은이들에게 자국의 역사에 대한 자긍심을 고취시켰으며, 이것이 '시바 사관司馬史觀'이라는 유행어로까지 회자되고 있는 것이다.

료마를 매우 좋아한다고 공공연하게 말하고 있는 경영자로서, 우리에게도 친숙한 소프트 뱅크(SoftBank)의 손정의孫正義 사장을 들 수 있다. 손 사장이 시바의 작품인 『료마가 간다』를 처음으로 접했던 것은 고교 중퇴 후 고향인 규슈 지방의 사가 현을 떠나 미국에 유학하기 전인 15세 때였는데, 1980년 회사를 세워 만성 간염으로 입원했을 때, 그리고 1994년 주식 공개 직후 등 힘든 시기마다 수차례 읽었다고 하며, '인생의 전환기에 반드시 읽어야 할 책'으로 추천하고 있다.

심지어 손 사장은 소프트 뱅크의 회사 로고(Revolution Yellow) 마저 료마가 이끌었던 해군 학교의 깃발에서 착상하여 차용하고 있을 정도이다.

사람에 대한 믿음 인간으로서의
의리를 소중히 여겨라

사이고 다카모리(西鄕隆盛)

사이고 다카모리(西鄕隆盛, 1827~1877). 일본 개화기의 정치가

메이지 유신의 일등 공신에서 반역자로
생을 마감한 시대의 풍운아

일본 역사상 사이고 다카모리西鄕隆盛만큼 굴곡 있는 생애를 살다 간
사람도 드물다고 할 정도로 일본 국내에서의 평가도 극과 극으로 갈리
고 있다. 청렴 결백한 무사로서의 태도와 라스트 사무라이라는 별명이
붙을 정도로 가장 일본적인 그의 행적이 많은 일본인들에게 자긍심을
심어 주는 인물로 꼽히지 않았나 싶다. 근래 들어서는 우리나라에서도
다카모리에 대한 관심이 적지 않다.

도쿄 중심지 구단시타 인근에 위치한 야스쿠니 신사靖國神社 안에는,
전쟁 기념관이라고 할 수 있는 류슈관遊就館이 있다. 이 류슈관 방문자
가 처음으로 대면하는 곳인 메이지관明治館의 입구에는 군인의 직분으
로 일본 근대사에 공헌했다고 평가되는 군신軍神 30명의 사진이 동그란
원에 배열되어 있는데 다카모리는 거기에 등재되어 있지 않은 상태이다.

다카모리는 270여 년간 지속되어 온 에도막부를 타도했던 연합군의 총사령관으로 재직하였으며 메이지 유신을 개창하는 데 개국 공신이나 다름없었다. 그러나 고향 사스마 번의 사무라이들을 모아 중앙 정부에 반기를 들었던 일본 역사의 마지막 내전인 세이난 전쟁을 일으킨 주역이자 반란의 주모자로 인식되어 군신軍神 30명의 반열에 들어가지 못한 것이 아닌가 생각된다.

또한, 다카모리는 우리나라 사람들에게는 정한론征韓論을 주창한 중심 인물로 각인되어 있다. 메이지 유신을 단행했던 초기에 중앙과 지방의 행정 개혁으로 갑자기 실업자가 된 사무라이들의 취업을 보장하기 위해, 조선을 정벌하자는 정책을 발안하고 실행에 옮기려고 했던 인물이 다름 아닌 다카모리 자신이었기 때문이다.

아직도 일본 전국 어디에서나 다카모리에 대한 애정은 각별하다. 고향인 일본 열도의 남단 규슈 지방뿐 아니라 일본 전역에서도 인기가 매우 높다. 도쿄 북쪽에 위치한 동북 지방의 관문인 우에노 공원의 입구에 개와 함께 산책하는 모습으로 세워진 다카모리 동상은 우에노의 상징물이 된 지 오래이다.

8척의 장신에 넓은 어깨에다 짙은 눈썹과 깊이 파인 눈매를 보면 처음 만난 사람마저도 깊은 신뢰와 호감을 가졌다고 한다. 평소 서민에 대한 깊은 애정과 자신이 옳다고 생각되면 곧바로 행동에 옮기는 인정 많은 인물이었다는 점에서 아직도 일본인들에게 사랑받고 있는 게 아닌가 한다.

사람이 재산이다,
각계 각층의 인사들과 교분을 쌓다

사이고 다카모리는 1827년 12월 가고시마 성 밑의 마을인 시모카지
야쵸에서 하급 사무라이 계급인 아버지 기치베에의 장남으로 태어났
다. 4남 3녀 중 맏이로 태어나 매우 가난한 어린 시절을 보냈지만, 특별
히 가족애가 돈독했다고 한다.

나중에 다카모리가 국민들에게 사랑을 받고 애민愛民사상이 남달랐던
것도 모두 이런 어릴 때의 가난함에서 길러진 인정과 배려심의 발로가
아니었을까 싶다.

다카모리는 어릴 때부터 사스마 번이 독특하게 운영하는 교육 기관
인 향중 교육鄕中敎育에 들어가 경세의 학문인 주자학을 배우는 한편, 사
무라이로서 갖추어야 할 소양을 배웠으며 20세가 되어서는 이 교육 기
관의 리더로서 활동하게 된다.

몸이 거구인 다카모리는 신체적 조건이 좋았으나 12세 때 학교 교육을 마치고 귀가하던 중 폭도들로부터 습격을 받아 오른쪽 팔을 마음대로 사용할 수 없게 된다. 결국, 무예 단련을 접고 학문에 매진하게 되는데 이때의 교분이 훗날 다카모리가 다양한 인사들과 교류하게 되고 국가의 대사를 맡게 되었을 때 큰 자산으로 활용된다.

고향인 사스마 번에서는 시마즈 나리아키라가 번주가 된 후 쇼군將軍이 있는 에도로 산킨코우타이(번주가 일정 기간 에도에 머물면서 정무를 봄)를 하기 위해 상경할 때 27세(1854년)인 다카모리에게 함께 갈 것을 제의한다. 번주 나리아키라는 에도에 도착하자 곧이어 다카모리를 사설 비서로 임명한다.

번주 나리아키라가 젊은 다카모리를 주목하게 된 것은, 다카모리가 사스마 번의 정무와 농정에 대한 개혁안을 담은 건의서를 자신에게 제출한 적이 있었는데, 나리아키라는 이것을 주목하여 하급 무사인 다카모리를 중용하게 된 것이다.

번주 나리아키라는 양이攘夷 사상을 가지고 있었음에도 불구하고, 장차 자신의 영지 내에 서구 제국이 침입하는 등의 위기가 반드시 닥쳐올 것이라고 예견하고 여러 가지 개혁 정책을 추진했던 통찰력이 있는 영주였다.

다카모리는 중앙 정치 무대인 에도에 머물면서 번주의 비서로서 각종 정무 관련 정보를 수집하고 사스마 번을 지지하는 여론을 조성하는 한편, 이 시기를 이용해 당시의 명망 있는 인사들과 교분을 쌓는 계기로 삼는다. 당시 다카모리의 성실함과 인물 됨됨이를 높이 평가하여

"사스마에는 다카모리가 있다."라는 평판이 에도에 퍼질 정도였다.

또한, 다카모리가 나중에 메이지 정부에서 중책을 맡을 때 실력을 유감없이 발휘하는 데에도 당시 에도에서의 다양한 인사들과의 교류 경험이 많은 도움이 되었다.

그러나 다카모리가 31세(1858년 7월) 되던 해에 든든한 후원자이자 주군이며 사스마 번주인 시마즈 나리아키라가 급사한다. 거기다가 중앙 정계인 에도의 막부에서는 이이 나오스케가 등장하여 사스마 번을 탄압하는 정책을 취하는데다 차기 쇼군의 옹립 공작마저 실패하게 된다.

결국, 중앙의 정치 권력에서 멀어진 다카모리는 지명 수배를 받게 되자, 주군의 죽음을 뒤따르는 순사殉死를 결심한다. 뜻을 같이 했던 근왕勤王주의자이면서 승려였던 겟쇼와 함께 동년 11월 바다에 뛰어들었으나 겟쇼만 죽고 자신은 구사일생으로 구조된다.

사스마 번은 다카모리에 대한 체포령을 내린 막부 정권으로부터 다카모리를 보호하기 위해 인근의 섬으로 이름을 바꾸어 피신토록 명령한다. 상당 기간이 지난 후인 34세(1861년)가 되어서야 다카모리는 사스마 번으로 돌아오고 사스마 번의 정무에 간여하게 되지만, 새로운 번주인 시마즈 히사미츠와는 성격 등 여러 면에서 잘 맞지 않아 불편한 관계가 지속된다.

이런 둘의 불편한 관계는 수년 후 다카모리가 메이지 유신을 성공시킨 후 친위 대장이 되어 메이지 천황을 수행하고 고향 사스마 번을 순시할 때, 사스마 번주인 시마즈 히사미츠를 무시하는 태도를 보여 번주를 화나게 만들었던 사실에서도 드러난다.

서구 문물을 도입해
사스마 번을 개혁시키다

　사스마 번은 일본 열도의 서쪽인 규슈 지방에서도 최남단에 위치하여(우리나라의 경우 전남 목포 인근 정도에 해당) 에도막부 시대에는 서자 취급을 받을 정도로 중앙 정계에는 별다른 영향력을 행사하지 못했다. 봉건 영주가 다스리는 한낱 지방에 불과했던 것이다.

　그러나 세상 모든 일이 마냥 불공평한 것은 아니듯이 사스마 번은 바로 이런 위치적인 입지 조건 때문에 서구 열강의 동아시아 진출에 따라 선진 문물을 가장 먼저 수용할 수 있었다. 또 최남단에 위치해서 관심을 받지 못하는 지리적 여건 때문에 중앙 정부의 감시가 느슨해 지면서 중앙에 대한 충성도는 낮을 수밖에 없었다. 때문에 당시의 무인 정권인 막부 체제로는 밀려드는 외세에 대항할 수 없다고 판단한 이 지역의 사무라이들에게는 지난 10세기 동안 정치력이 약화된 천황제를 부활하여 새로운 일본을 건설해야 한다는 사상이 일찍부터 싹트게 되었다.

이런 차제에 사스마 번은 영국과 전쟁을 하지 않으면 안 되는 사건薩英戰爭을 맞이하게 된다. 그 발단은 다카모리가 35세 때(1862년 8월), 현재의 요코하마 시 츠루미 구에 있는 나마무기에서 발생한 충돌 사건이었다.

사스마 번주의 아버지인 시마즈 히사미츠가 에도에서 일을 마치고 교토로 가기 위해 도카이도(우리의 영남대로와 같은 길) 상에 있는 나마무기를 지나가게 되었다. 그때 당시 요코하마에 거주하고 있던 영국인 리차드슨 등 4명이 말을 타고 좁은 길을 가다가 다이묘의 행렬을 보고 옆으로 비켜서서 행렬이 지나가기를 기다리고 있었다. 그런데 행렬을 호위하던 사무라이들이 이들이 무례하다는 이유로 영국인 1명을 살해하고 2명에게 부상을 입히는 사건이 발생한다.

영국은 사스마 번에게 사과와 배상을 요구하나 사스마 번이 이를 묵살하자, 이듬해인 1863년 7월 군함을 사스마 항에 정박시키고 함포 사격을 가해 와 사스마 번이 크게 패배했다. 당시 요코하마에 거주했던 영국인들은 좁은 길에서 행렬을 보자 자신들의 관례대로 나름대로 예의를 표시하려고 옆으로 비켜난 것인데, 사스마 번의 사무라이들은 다이묘 행차 시에는 무조건 모두가 머리를 땅에 조아리는 것이 예의라고 생각한 문화적인 차이에서 비롯된 것으로, 외국인으로서 일본의 관습에 익숙하지 않은 탓에 빚어진 어처구니없는 사건이었다.

힘 한번 제대로 못 써보고 전쟁에서 패한 사건을 통해 사스마 번의 지배 계층은 서구 열강의 힘이 이제껏 자신들이 생각했던 것보다 훨씬 월등하여 단순히 서구를 배척하는 양이 사상만으로는 이 난국을 타개할 수 없음을 인식하고 나아가 적극적으로 발달된 서양 문물을 수용하지 않으면 안 된다는 점을 자각하면서 영국에 접근하는 계기로 삼는다.

오늘날 경제 규모나 국민들의 국제화 수준 등에서 우리나라와 일본과의 차이가 적지 않다. 우리나라의 경제 규모가 일본에 비해 7분의 1 수준이라고 하나, 엄밀히 따지면 국가 브랜드 가치 면에서는 50분의 1 정도에 불과하다고까지 말한다.

일본은 이미 에도 시대부터 데지마라는 항구를 열어 놓고 서구에 대한 정보를 습득하고 있었으며, 사스마 번과 영국 간의 전쟁薩英戰爭 등을 통해 서구 열강의 힘을 뼈저리게 체험하게 된다.

그러나 우리나라는 지리적으로 중국과 일본에 가려져서 외국의 상선 진입이 쉽지 않았던 데다가 외국인과의 접촉도 거의 없어 개국의 필요성을 전혀 느끼지 못했다. 이처럼 두 나라는 개항·개국의 시기가 너무나 달랐고 여기다가 국민적인 국제화 의식에도 차이가 있어서 오늘날 양국 간 발전의 격차로 이어지고 있다고 볼 수 있다.

다카모리가 41세 때, 메이지 유신이 선포되고 왕정이 복고되면서 에도막부 시대의 정치·행정 체제 등은 새로운 국내외 정세에 맞게 정비되어 근대 국가 체제를 갖추어 가게 된다.

그러나 기존의 막부 체제에 익숙해 있던 지배 세력들의 저항에 의해 새로운 제도로의 개혁이 잘 진척되지 못하자, 중앙 정부에서는 다카모리의 물리적인 힘이 필요하다는 여론이 높아진다.

자신의 역할이 끝났다며 낙향했던 다카모리는 사스마 출신의 사무라이들을 이끌고 상경하여 죠슈 번과 도사 번 출신의 사무라이들과 연합하여 천황을 지키는 친위 병력 8,000여 명을 결집시킨다.

에도 시대의 지방 봉건 체제인 번藩을 폐지하고 새로운 지방 행정 조직으로 현縣을 설치하는 행정 개혁(廢藩置縣, 1871년 7월)을 추진하는 과정에서 저항 세력을 제압하고 경찰 및 군대 제도를 새롭게 정비하는 등 근대 국가로서의 구조 개혁을 단행해 나갔다.

특히, '폐번치현'으로 대표되는 행정 개혁 정책에 대한 반발이 얼마나 컸는가는, 사스마 번에 있는 다카모리의 고향 집이 불에 타 버리고 번주인 시마즈 히사미츠가 다카모리를 죽일 놈이라고 매도했던 일에서도 알 수 있다.

다카모리가 메이지 신정부의 일원으로서 기초를 다지는 데 했던 역할은 실로 큰 것이었다. 당시 메이지 유신 초기에 이와쿠라 도모미, 오쿠보 도시미치, 이토 히로부미 등이 신정부의 제도 개혁을 주창하였다고 해도, 이것을 실행에 옮길 물리력과 여론 조성을 다카모리가 담당했고 그에 대한 비난을 한 몸에 받음으로써 단기간에 성과를 거둘 수 있었던 것이다.

일본의 기독교 사상가 우치무라 간조(한국 기독교계의 함석헌 · 김교신 선생에게 영향을 끼침)도 "다카모리 없이는 메이지 유신이라는 혁명이 가능했겠느냐."며 유신의 일등 공신으로 다카모리를 지명하고 있다. 물론, 이러한 개혁의 추진이 나중에는 중앙 정부에 대해 반역의 깃발을 들게 되는 세이난 전쟁의 발발로 이어지는 단초를 제공하게 된다.

사스마 번은 영국과의 전쟁을 통해 상당한 타격을 받았으나, 한편으로는 서구 문물을 적극적으로 수용해 부국 강병에 힘써야 한다는 자각을 한다. 그 후 군사력을 강화하여 천황이 있는 교토의 황거皇居 경비를 맡을 정도로 영향력이 커지게 되자, 다카모리는 번주 시마즈 히사미츠로부터 중책을 부여받아 사스마 번의 병력을 통솔하는 위치에 선다.

37세(1864년 7월)의 다카모리가 교토의 황거 경비를 담당하고 있을 때, 막부군과 죠슈 번의 군사가 황거의 출입문 앞에서 충돌하는 사건이 발생한다. 다카모리는 사스마 병력을 지휘하여 막부를 도우면서 죠슈 군을 격퇴하게 되는데, 2년 후 죠슈 번과 비밀 군사 동맹을 맺을 때까지 죠슈 번은 사스마 번을 철천지 원수로 생각하는 상황이 지속된다.

그런데 여기에서 다카모리는 두 명의 역사적인 인물과 만나면서 죠슈 번과의 관계를 대립이 아니라 우군의 관계로 인식하는 전환을 맞게 된다. 그 중개 역할을 했던 인물이 카츠 가이슈와 사카모토 료마이다.

다카모리는 37세 때(1864년 9월), 고베神戶 해군 조련소의 교장으로 재직하던 카츠 가이슈를 만난다. 가이슈는 막부 정권의 중앙 관료이면서도 해외 정세에 해박하였다. 그는 다카모리에게 지금은 국내에서 죠슈 번과 다툴 때가 아니며 서로가 미래를 내다보고 힘을 모아 서구에 대항해야 한다는 논리로 충고한다.

4년 후에 다카모리(41세, 1868년)가 동정대총독부東征大總督府 하참모下參謀로 임명되어 에도로 진격할 때, 에도(현재 도쿄 소재 게이오 대학 인근)에서 가이슈와 담판을 하는 운명을 맞게 된다. 양인은 서로 간에 무력 충돌 없이 에도에 진입한다는 데 합의하는 소위 '에도 무혈 입성江戶 無血入城'을 이룩하고 마지막 쇼군이었던 도쿠가와 요시노부가 에도를 떠나 자연인으로 돌아가게 하는데 결정적인 역할을 하게 된다.

오늘날 도쿄가 세계적인 경제 산업 도시이면서도 곳곳에 옛 정취가 남아있는 것은 다카모리와 가이슈의 담판(1868. 3. 13~14)으로 무혈 입성이 이루어짐으로써 전화戰禍로부터 도쿄를 지킬 수 있었기 때문이다. 제2차 세계 대전 때 미군의 대공습으로 소실된 것 이외에 도쿄는 옛모습 그대로 보전이 가능했던 것이다.

카츠 가이슈 외에 그가 만난 또 한 명의 인물은 사카모토 료마이다. 료마의 중재를 통해서 사스마 번이 원수지간이었던 죠슈 번에게 신식 총과 군함을 구입해 주는 대신에 죠슈 번으로부터 쌀을 제공받는 방식으로 우호 분위기가 조성된다. 이후 교토의 사스마 번 출장소薩摩藩邸에서 사스마·죠슈 두 번은 비밀 군사 동맹(薩長同盟, 1866. 1. 21)을 맺게 되고 중앙의 막부 정권에 대항하는 강력한 축을 형성한다.

그 후, 마지막 쇼군 도쿠가와 요시노부가 천황에게 권한을 이양하는 대정봉환(大政奉還, 1867.10.14.)을 발표함으로써 270여 년간 지속된 도쿠가와 가의 에도막부가 막을 내리고 같은 해 12월 9일에는 천황 중심의 왕정복고의 대호령大號令이 발표되기에 이른다.

그러나 막부 잔당들의 저항은 계속되어 이듬해인 1868년 1월 초부터 구 막부군과 다카모리가 지휘하는 천황의 군대인 사스마·죠슈·도사 3개 번의 연합군이 교토 인근의 도바, 후시미 전투를 시작으로 후쿠시마 아이즈 및 홋카이도의 하코다테에 이르기까지 1년 반에 걸친 보신 전쟁戊辰戰爭을 치르게 된다. 1869년 5월, 보신 전쟁이 마침내 종결됨으로써 메이지 신정부가 수립되기에 이른다.

정한론의 실패와 세이난 전쟁으로
생을 마감하다

메이지 정부는 하급 사무라이들을 중심으로 한 엘리트 세력이 중심이 되어 국제 정세의 변동을 감안하면서 국내의 각종 개혁 정책에 대한 청사진을 마련할 필요성을 느끼고 있었다.

그 일환으로 1871년(明治 4년 11월) 이와쿠라 도모미를 단장으로 '이와쿠라 사절단岩倉使節團'이 오쿠보 도시미치, 기도 다카요시, 이토 히로부미 등 정부 대표단 48명과 유학생 60여명으로 구성되어 구미 선진 문물을 시찰하는 성격으로 약 2년간을 계획하고 미국과 유럽으로 출발하면서, 정부 운영을 다카모리를 중심으로 하는 잔류파에게 일임한다.

정부 운영을 책임진 다카모리는 이듬해 1872년(明治 5년) 전국의 행정 조직을 3번 72현으로 통합한 후 학제를 정비한데 이어 육군성과 해군성을 신설하고 징병제를 시행하는 한편, 조세 제도 개정 등 광범위한

행정 개혁을 단행해 나갔다

한편, 그 시기에 공교롭게도 쇄국 정책을 취하고 있던 조선과의 국교 문제가 현안으로 제기된다. 일본은 조선에 사절을 파견하여 개국을 요구하였으나 거절당하자 일본의 정계 일각에서는 정한론이 제기되는 가운데, 1873년(明治 6년) 6월 부산 소재 일본 공사관草梁倭館으로부터 현지에서 "일본을 비난하는 게시물이 부착되고 일본인에 대한 방해 행위가 일어나고 있다."는 보고를 접수받게 된다.

이에 따라 각의에서 이 문제를 논의하게 되는데, 조선을 무력으로 접수하여 수호 조약을 체결할 것인가에 대한 논의가 진행되고 내각의 각료였던 이타가키 타이스케는 대조선 무력 행사론까지 주장할 정도로 분위기가 격앙된다. 다카모리는 외교적 해결책으로 자신을 조선에 파견해 줄 것을 건의하여 각의에서 이를 추인(1873. 8. 17.) 받기에 이른다.

그러나 이와쿠라 사절단으로 구미를 시찰하고 돌아온 이와쿠라 도모미 일행은 아직 일본은 조선 정벌이라는 외치보다는 내치를 우선해야 한다는 점을 강하게 주장한다. 급기야, 다카모리의 조선 파견은 시기 상조라는 내용으로 각의 결정을 번복시켜 메이지 천황으로부터 다카모리의 조선 사절 파견 연기론이 재가(1873. 10. 23)를 얻는 상황으로 반전된다.

이러한 정한론에 대한 논쟁은 당시 정국의 주도권을 잡고 있던 다카모리 파의 외치 우선론과 서양의 선진 문물과 제도를 시찰하고 돌아온 이와쿠라 도모미를 중심으로 한 유학파의 내치 우선론이 정치 투쟁인 권력 쟁탈로 비화되는데, 우선은 내치에 힘을 쏟은 후에 나라가 안정되고 난 후에 조선을 정벌하자는 내치 우선론이 힘을 얻게 된다.

급기야 정치 투쟁에서 패배한 다카모리는 모든 관직을 사임하고 고향으로 낙향한다. 이어서 내각의 각료에 해당되는 참의參議 5명과 다카모리를 추종하는 정치인·관리·군인 등 600여 명이 동시에 사임해 일시적으로 중앙 정부의 행정이 마비되는 사태로까지 비화된다.

내치 우선파는, 페리 제독이 일본을 개항시켰던 방식으로 1년 후에는 대만 정벌(1874년)에 나선데 이어 2년 후에는 조선에 군함을 파견시켜 무력으로 항구를 개항시키는 병자 수호 조약(강화도 조약, 1876. 2. 26)을 맺는다.

다카모리는 46세(1873년 11월, 명치 6년) 때 고향 가고시마 현(사스마 번에서 개명)으로 돌아갔으며 추종 세력들의 귀향이 이어진다. 이듬해(1874년 6월, 명치 7년) 사립 학교인 사학을 세우고 가고시마 현의 마을마다 분교까지 세움으로써 도쿄의 중앙 정부로서는 가고시마 현이 다카모리가 지배하는 사설 왕국이 되어가는 것이 아닌가 하는 우려감이 높아져 갔다.

중앙 정부와 가고시마 현 간의 긴장 관계가 고조되어가는 차제에 동향 출신인 오쿠보 도시미치가 동경 경시청의 관리를 정보 수집 차 가고시마에 파견하려 한다는 사실이 알려지고, 이들 관리들이 다카모리의 목숨까지 노리고 있다는 소문까지 퍼지면서 갈등은 더욱 높아진다.

오쿠보 도시미치는 다카모리의 고향인 가고시마 현에서 다카모리보다 3년 늦게 태어난 인물로 메이지 유신 이후 다카모리와 함께 일본을 이끌었다. 도시미치는 말년에 다카모리가 주창한 정한론에 반대하면서 정치적으로 대립 투쟁 관계를 보인다. 그러나, 초기에는 두 사람이 함께 협력하여 일본 근대화의 출발점인 메이지 유신을 성공시키는데 결정적인 공헌을 하게 된다. 도시미치는 요시다 시게루(吉田茂, 재임 기간

1946. 5~1947. 5, 1948. 10~1954. 12) 전 수상 및 2008년 9월부터 수상에 오른 아소 타로麻生太郎 중의원 의원의 선조이다.

1877년(명치 10년) 1월 29일 밤에 신정부가 파견한 군함赤龍丸이 가고시마 항에 들어와 여러 곳에 산재되어 있던 화약고로부터 화약을 옮기려고 하였다. 그런데 사학의 학생들이 이를 알아차리고 화약고를 습격하면서 충돌로 비화되어 일본의 마지막 내전이라고 할 수 있는 세이난 전쟁西南戰爭이 2월 5일 사학에서 평의회를 통해 결정되고, 다카모리도 "이 한 몸 너희들과 함께 하겠다."는 말로 반란의 대열에 합류한다.

2만여 명에 달하는 다카모리가 이끄는 반란 군대는 도쿄를 향해 북상하던 중 정부군에 의해 차단된다. 결국 구마모토 성에서 농성을 하다 힘에 부쳐 다시 퇴각하게 되고, 정부군 6만여 명이 에워싼 고향의 시로야마 성에서 포화가 쏟아지는 가운데, 50세의 다카모리는 최후까지 남은 300여 명의 사무라이들과 전진하다 오른쪽 대퇴부에 총상을 입자 무릎을 꿇고 할복으로 생을 마감한다.(1877. 9. 24.)

다카모리는 자신이 땀 흘려 구축했던 메이지 신정부의 세력과 대치하면서 패배하자 끝내 반역의 굴레를 지고 사라져 갔다. 세이난 전쟁이 종료된 지 12년이 지난 후 정부는 다카모리를 정 3위正三位로 추종하는 형식을 갖추어 복권시킨다.

동향 출신이자 말년에 정치적 대립 관계를 보여준 오쿠보 도시미치大久保利通도 얼마 후 개혁 추진 과정에서 자객의 손에 의해 피살(1978. 5. 14)된다. 오쿠보 도시미치는 고향은 물론 일본 전역에서 별로 인기가 없는 반면, 다카모리의 인기는 130년이 지난 지금도 식을 줄을 모른다.

지위·명예·돈에 욕심이 없었던
라스트 사무라이

1868년(明治 원년) 보신 전쟁(戊辰戰爭)이 막을 내리고 메이지 유신이 선포되자 다카모리는 자신의 역할은 모두 끝났다며 교토에 주둔하고 있던 사스마 출신의 사무라이들을 데리고 고향으로 돌아간다. 중앙 정부가 자신을 다시 찾을 때까지 고향 산천을 돌아다니면서 온천을 즐기거나 토끼를 사냥하고 시를 쓰는 것으로 소일한다.

다카모리는 메이지 정부 초기에 육군 대장·근위 도독(近衛都督) 등을 역임한 관계로 급료가 수백 엔이었으나, 한 달에 필요한 돈은 15엔이면 충분하다며 어려운 친구들에게 나누어 주고 도쿄에서 거주하는 자택도 볼품이 없었다고 한다.

메이지 신정부가 수립되고 다카모리의 주도로 금융 기관인 제일 국립 은행이 설립되는데, 도쿄 시내에서 마땅한 부지를 물색하지 못하자 자신의 사저를 싼값으로 국가에 내놓았는데 이곳이 지금의 일본 중앙 은행의 자리이다.

다카모리는 당시의 서세 동점西勢東占이라는 서구 제국주의의 식민지화 경쟁을 보면서 일본이 동아시아를 정복해야 한다는 생각을 가지게 된다. 다시 말해, 일본이 서구 열강에 대항하기 위해서는 아시아에서 영토를 확장하여 국민 자존을 높일 필요성이 있다는 믿음을 가지고 침략 전쟁을 정당화했고 그것이 정한론으로 이어진 것이다. 그리고 이것이 나아가서는 제2차 세계 대전을 일으킨 군부 세력의 잘못된 팽창 야욕으로 연결되고 만다.

"메이지 유신은 사카모토 료마에 의해 준비되었고, 사이고 다카모리에 의해 완성되었다."고 해도 과언이 아닐 정도로 그의 정치적 영향력은 상당했고, 능력 역시 대단했다.

수많은 경영인의 자질들 중 너무나 당연하게 여기기 때문에 강조되지 않는 부분이 있다. 즉, '사람에 대한 믿음'이라는 인간적인 부분이다. 함께 동고동락을 했다가도 필요가 없으면 과감하게 잘라 버리는 작금의 인정에 비추어 볼 때, 어리석어 보이기까지 한 이러한 우직함과 의리가, 때론 어려운 사업 환경에서 또 다른 변수로 힘을 얻을 수 있을 것이다.

세상을 읽는 눈을 가져라
세상을 향해 나아가라

이토 히로부미(伊藤博文)

이토 히로부미(伊藤博文, 1841. 10. 16~1909. 10. 26). 일본의 정치가

자신의 운을 움켜쥔 불세출의 인물

　우리나라 사람들에게 가장 잘 알려진 일본인을 한 명만 꼽으라면 아마도 이토 히로부미를 거론하는 사람이 적지 않을 것이다. 왜냐하면, 한국인들에게 이토 히로부미는 조선 합병이라는 식민지 개척에 앞장섰던 인물로 각인되어 있는 가운데, 1909년 10월 26일 만주 하얼빈 역 앞에서 안중근 의사에게 저격당한, 당시 일본을 대표하는 정치 원로로 널리 알려져 있기 때문이다. 우리에겐 나라를 빼앗아 간 원수이지만 일본일들에게 있어 히로부미는 일본인이 가장 많이 사용하고 있는 천 엔짜리 지폐의 초상에 오랫동안 등장했던 역사적인 인물이다.

　150년 전 일본이 서구 열강으로부터 강제로 개항을 당하고 메이지 유신(明治維新, 1868년)을 통해 부국 강병의 기치 아래 근대 국가로 향하던 길목에서 히로부미는 네 차례에 걸쳐 수상(초대, 5·7·10대)을 역임하는 등 메이지 시대를 이끌고, 국가 노선을 규정했던 인물이었음을 부인할 수 없다.

의원 내각제의 창설과 입헌 군주제를 기반으로 한 제국 헌법을 제정(1889년, 명치 22년)하는 등 새로운 국가 건설의 기초를 닦은 히로부미를 일본인들은 빈농의 아들로 태어나 총리까지 오른 불세출의 인물로서 뿐만 아니라, 구미 열강의 제국주의 틈바구니 속에서 아시아 동쪽의 섬나라에 지나지 않던 일본을 국제 무대 속의 강대국 반열에까지 올리는 데 크게 기여한 사람으로 기억하고 있다.

히로부미는 1841년 오늘날의 야마구치 현(과거에는 쵸슈 번으로 불리움)의 히카리 시에서 당시 일본의 최하층 계급인 농민 신분의 집안에서 장남으로 태어났다. 어려서는 몹시 허약한 체질로 여느 동네 아이들과 다름없이 나무타기를 하거나 낚시 등을 좋아하는 그저 평범한 아이였다. 부모는 무학이었으나 자식만은 교육을 시켜야겠다는 생각으로 중심 도회지인 하기萩로 옮겨가, 당시 교육을 담당하고 있던 인근의 절에 히로부미를 맡겼으며 히로부미 자신도 부모의 기대를 저버리지 않고 공부를 열심히 하는 편이었다.

이후 히로부미의 나이 5세 때(1846년), 그의 운명을 결정짓는 계기가 되는 일이 일어난다. 히로부미의 아버지인 주조우가 하기에 사는 쵸슈 번의 사무라이인 이토 나오우에몽의 집에서 하인으로 일하게 되었는데, 대를 이을 자식이 없었던 이토 나오우에몽이 히로부미의 부친을 포함시켜 히로부미를 자신의 상속인으로 지정했던 것이다.

나오우에몽이 입양을 결정한 것은 히로부미의 부친이 부지런한데다,

그의 자식인 히로부미도 영리하여 장래가 촉망된다는 점이 크게 작용했던 것 같다. 이런 연유로 최하층의 백성 신분에 머물러 있던 히로부미는 단숨에 영광스런 죠슈 번의 사무라이 일족으로의 신분 상승이 이루어졌고 공부에 전념할 수 있었다.

두 번째로 그의 운명에 중요한 계기로 작용한 것은 같은 마을인 하기에 거주하고 있던 요시다 쇼인이 설립한 쇼카숀쥬쿠라는 사설 학교私塾에 들어가서 공부한 것을 들 수 있다.

히로부미는 16세 때(1857년), 쇼카숀쥬쿠에 들어가서 요시다 쇼인에게 가르침을 받았으나 집안이 가난했기 때문에 일을 하면서 틈틈이 짬을 내어 공부를 하느라고 요시다 쇼인으로부터 실제로 교육을 받았던 기간은 그렇게 길지 않은 5개월 정도였다.

비록 요시다 쇼인으로부터 학문상의 가르침을 직접적으로 많이 받는 처지는 아니었지만, 스승이 주장했던 사상에는 매우 큰 영향을 받았으며 장차 메이지 유신의 주역이 될 다수의 문하생들과의 교분을 넓힐 수 있었고, 훗날 히로부미의 정치 활동 과정에서 이때의 경험과 인간 관계가 큰 자산이 된다.

히로부미의 나이 18세 때(1859년)였다. 그는 스승인 요시다 쇼인이 에도 막부의 고관에 대한 암살을 획책했다는 죄명으로 에도에서 참수를 당했을 때, 스승의 벌거벗은 유해를 수습하여 옷을 입힌 후 매장했던 몇 명 안 되는 제자 중 하나였다. 나중에 쇼카숀쥬쿠에서 공부했던 죠슈 번 출신의 인물들이 일본의 정계와 관계는 물론 육군까지 장악하게 되자, 히로부미 자신이 그 중심의 위치에 서게 된다.

당시 쇼카손쥬쿠에서 공부했던 인물 중에는 히로부미의 형님뻘 되는 다카스키 신사쿠(1839~1867) · 구사카 겐수이(1840~1864) 등 지도자급 인물들이 있었으나, 이들은 모두 젊은 나이로 막부 정권을 타도하는 전투에서 죽거나 암살당하고 질병으로 사망한다. 따라서, 히로부미가 자연스럽게 대표자로 떠오르게 되고 쇼카손쥬쿠의 동문들과 죠슈 번 출신자들을 중앙 정계로 끌어들이는 역할을 하게 된다.

또한, 죠슈 번을 대표하는 인물로서 인정받고 있던 기도 다카요시(1833~1877)가 병으로 숨을 거두게 될 즈음, 36세(1877년)의 히로부미를 죠슈 번을 이끌어 갈 대표자로 지목하고 뒷일을 부탁하기도 했다.

스승 요시다 쇼인은 인물을 보는 눈이 뛰어났다고 하는데, 히로부미에 대해서는 그렇게 높은 평가를 내리지는 않았던 것 같다. 그러나 어떤 일을 잘 주선하거나 중재하는 역량이 있음을 간파하고 정치적 재능이 있음을 발견하였다. 실제로 히로부미는 여론의 동향에 유의하면서도 유연하고 현실적인 균형 감각을 갖고 있었고, 사람 사이를 오가며 일을 수습하는 재능이 특히 뛰어났다.

영국 유학을 통해 양이론자에서
개국론자로 전환하다

그 당시 지각이 있는 젊은이들이라면 서구 열강이 역사적 격동기를 겪고 있던 일본을 개항시켜, 결국 일본이 그들의 식민지로 전락할 것이라는 위기감을 갖고 있었다. 히로부미를 비롯한 대부분의 일본 젊은이들이 이 역사적 격동기의 한복판에서 한 번쯤 자신을 불태워 서구 열강으로부터 나라를 구해야 한다는 역사적 사명을 갖게 된 것은 어쩌면 당연한 일이었다.

히로부미는 21세 때(1862년), 고향인 죠슈 번의 번주에게 개항의 필요성을 주장했던 고관(나가이)을 암살하려고 시도하기도 했다. 또한, 지금의 도쿄 시나가와 역 인근의 고텐야마에 건설 중이던 영국 공사관을 불태우는 과격한 행동도 불사했으며, 고우메이 천황을 폐제廢帝하려는 국학자(하나와지로)를 암살하는 등 과격한 테러리스트의 면모를 보여 주기도 했다. 이렇게 철저한 양이 사상으로 무장했던 히로부미가 단숨에 개국론자로 전환하게 된 계기는 바로 영국 유학이었다.

죠슈 번의 고관이었던 수후 마사노스케는 일본 사회 내에서 지금은 서구 열강을 배척하는 양이攘夷 사상이 지배적이지만, 머지않아 일본에도 개항의 물결이 밀려올 것이라고 보았다. 그는 이에 대비하는 차원에서 젊은 인재의 양성이 필요하다고 죠슈 번주에게 건의하여 히로부미 등 5명의 젊은이들을 비밀리에 해외 유학을 보내도록 한다.

당시에는 일본인들의 외국인과의 접촉을 법으로 엄격히 금하고 있었으며, 더구나 해외로의 도항은 중대한 범죄에 해당하는 사안이었다.

유학 경비는 수후 마사노스케가 알고 있는 요코하마의 무역상, 사토 테이지로에게 부탁하여 22세(1863년 5월)인 히로부미는 평생 친구가 되는 이노우에 카오루(청일 전쟁 때 주한 공사·대장성 대신 등 역임) 등과 함께 영국 유학길에 오르게 된다.

하지만 영국 유학 중 죠슈 번이 외국 군함의 폭격을 받은 사실을 현지의 언론인 타임즈를 통해 알게 되고 4개월 반 만에 돌아오게 된다. 짧은 영국 유학 생활이었지만 이 기간 동안 젊은 히로부미가 본 세계의 중심지 런던은 수많은 선박이 정박하고 검은 연기를 뿜어 내는 산업화의 도시였다. 여기서 증기 기관차가 달리는 광경을 보면서 그동안 자신이 굳게 믿었던 양이攘夷 사상의 무모함을 절감하게 되고, 개국을 통해 서구의 앞선 기술을 재빨리 수용하여 근대화하지 않으면 안 된다는 점을 절실히 깨닫게 된다.

또한, 런던의 지하철 등 확고한 인프라 위에 성립된 서구 문명에 대한 견문은 히로부미에게 "일본은 도저히 서구 열강에 대항할 수 없다."는 콤플렉스를 심어 놓기도 했다.

당시 영국 유학을 떠났던 죠슈 번의 5명의 젊은이('죠슈 5인방'으로 불리 움)는 히로부미가 수상을, 이노우에 카오루가 외상과 대장상을, 야마오 요유조우는 공업상으로 동경 대학 공학부를 설립하였고, 엔도우 킨스 케는 조폐 국장을, 이노우에 마사루는 철도 행정의 최고 책임자를 역임 하는 등 메이지 시대의 일본을 이끌어간 건출한 인물들로 성장한다.

히로부미가 27세 때(1868년, 명치 원년) 소위 고베 사건이라는 것이 일어 나는데, 정부 관료가 병사를 이끌고 고베를 순시하던 중 프랑스 수병이 순시 행렬을 횡단하려고 하자, 무례하다고 여긴 일본 병사가 프랑스 수 병에게 발포하여 부상자가 발생하게 된다. 수습 과정에서 영국 공사(파 크스)가 개입하게 되는 사건으로 비화되자, 영어가 가능하고 영국 공사 와 친분이 있던 히로부미가 중재에 나서게 되어 이 사건은 원만히 해결 된다. 이를 계기로 히로부미는 효고 현 지사知事라는 파격적인 관직에 오르게 되는데 젊어서부터 대외 협상력에서 뛰어난 역량을 보여 준 일 례이다.

일본은 1868년 메이지 유신을 통해 10세기 동안 나라의 상징으로서 정치의 뒷전에 머물러 있던 천황이 다시 정치의 전면에 등장하게 된다. 메이지 유신을 단행했던 하급 사무라이 중심의 엘리트 그룹들은 서구 열강의 사정을 먼저 안 후 일본을 근대화해 나간다는 구상을 하게 되는 데, 그러한 대표적인 액션 플랜이 '이와쿠라 사절단岩倉使節團'으로 나 타나게 된다.

히로부미는 30세 때(1871년 11월, 명치4년), 구미 제국의 발전된 문물을 견문하는 이와쿠라 사절단(단장 : 이와쿠라 토모미)의 부사副使로 임명되어 1년 9개월(632일) 간에 걸친 긴 항해를 시작하게 된다.

정사正使였던 이와쿠라는 외국에 대해 전혀 아는 바가 없어 부사였던 히로부미가 안내 역할을 맡게 되는데, 이 사절단의 시찰 결과는 훗날 일본 사회의 문물과 제도를 서구식으로 대대적으로 개조해 나가는 데 큰 영향을 끼친다. 당시에 사절단은 일본이 서구를 따라가는 데 약 40여 년 정도 소요될 것으로 평가했다.

이와쿠라 사절단 중에는 출범한지 3년밖에 되지 않은 메이지 정부의 고위 관리 숫자의 절반에 해당하는 49명이 포함되었고, 그 해 국가 재정 수입의 2%를 투입할 정도로 서구의 발전된 선진 시스템을 배워야 한다는 열망이 무척 강했다.

구미 12개국을 돌며 '특명전권대사구미회람실기特命全權大使歐美回覽實記' 등 100여 권에 달하는 견학의 결과물을 작성하게 되는데 그때까지 아시아 국가와 서양과의 교류사를 보아도 이와쿠라 사절단만큼 거액의 시찰 경비를 들이고, 국정 공백을 가져올 수 있는 위험을 무릅쓰고까지 수많은 고위 관리를 포함시켜 장기간 견학을 다녀온 경우는 이전에도 이후에도 없었다.

히로부미는 첫 기착지였던 샌프란시스코에서 영어로 "일본은 구미의 발전된 문명에 찬사를 보낸다."는 연설을 하게 되는데 일본인이 외국의 공적인 장소에서 한 최초의 연설로 기록되는 등 히로부미의 행적은 여기 저기서 단연 두각을 보인다.

귀국 후에는 참의參議와 공부경工部卿을 겸임하는 등 각료의 반열에 오르게 되고, 기도 다카요시와 함께 죠슈 번을 대표하는 인물로 떠오르게 된다.

히로부미는 41~42세 때(1882~1883년), 헌법 조사를 위해 유럽을 순방하게 되는데, 독일 비스마르크 수상을 접견하여 독일의 헌법 정신과 정체 등에 관해 의견을 교환하고 수차례 헌법 학자인 구나이스트 등의 자문을 구하면서 외교권과 군사권 및 재정권을 국회에 넘겨서는 안 된다는 점을 확실히 인식하게 된다.

히로부미는 44세 때(1885년, 명치18년), 일본의 헌정 사상 초대 내각의 총리 대신(수상)에 취임하게 되는데, 당시 외교력이 중시되는 대외적인 사정도 있었지만 조정과 중재의 수완이 뛰어나고 메이지 천황과의 관계가 원만했던 점 등이 고려된 듯하다.

가난한 빈농의 아들로 태어나 수상의 반열까지 오른 입지전적인 인물은 그때까지 일본의 역사상 도요토미 히데요시 밖에 없었다.(이후 1972년 니이가타 현 출신 다나카 가쿠에이가 수상에 오름. 이후, 토요토미 히데요시, 이토 히로부미, 다나카 가쿠에이 3인은 낮은 신분에서 수상까지 오른 인물로 회자되고 있음)

귀국 후 히로부미는 46세 때(1887년)부터 심복 부하들과 함께 철저한 보안 유지 하에 헌법 기초 작업에 착수하여 2년 후인 1889년 2월 11일 도쿄에 눈이 내리던 겨울, '대일본 제국 헌법'을 반포한다. 이 제국 헌법은 천황 숭배라는 일본의 전통을 이용하여 법률적인 형식으로 천황의 신성 불가침한 지위를 확립하고 천황에게 군대 통수권과 대외 선전 포고권 등 모든 대권을 부여한다. 이 헌법에 의해 양원제 의회가 설립되고 의원을 선출하는 국민 투표를 실시하게 되는데, 나중에 천황제를 표방했던 이 헌법에 의해 대외 식민지 확장과 군국주의 경향이 출현하게 되는 토대를 마련하게 된다.

그 후, 제2차 세계 대전의 패배로 1945년 맥아더를 수반으로 한 연합국 최고 사령부(GHQ)의 군정이 실시되자, 56년 만에 히로부미가 마련했던 제국 헌법은 서구 민주주의 제도에 맞게 대폭 개정(1946. 11. 3, 평화 헌법 공포)되는 운명을 맞는다.

일본은 청일 전쟁(1894년)과 러일 전쟁(1904년)의 승리로 조선에 대한 지배권을 확실하게 굳히게 되며 식민 지배를 위한 외교적인 절차 등을 추진하게 되는데, 당시 정국을 주도하고 있던 히로부미가 여러 가지 형태로 한반도 정책 결정에 관여하게 된다. 특히, 히로부미는 64세 때(1905년, 명치38년) 초대 통감으로 서울에 부임하여 한국 국민으로서는 잊을 수 없는 식민 통치의 상징이 될 만한 시책들을 펼친다.

히로부미는 대한 제국 군대의 해산·제2차 한일 협약에 의한 외교권 박탈·헤이그 밀사 사건(1907.7)으로 인한 고종의 퇴위를 요구하고, 제3차 한일 협약에 의해 내정 권한을 접수하는 등 한국을 일본의 보호국으로 하는 데 결정적인 역할을 하게 되며, 이런 이유로 한국 국민으로부터 식민지 정책의 원흉으로 각인된다.

안중근 의사는 히로부미가 68세 때 러시아를 방문하기 위해 만주 하얼빈 역에 도착한다(1909. 10. 26. 09:00)는 사실을 알고 플랫폼에 내려 러시아 의장대를 사열하는 히로부미에게 한 맺힌 3발의 총탄을 복부에 관통시킨다.

히로부미는 총을 맞고 쓰러진 후 곧바로 타고 왔던 열차로 옮겨졌는데 측근들에게 "지금 나를 쏜 자가 누구인가?" 라고 물었고, 조선인이라는 소리를 듣자 "어리석은 녀석……" 이라고 탄식조로 말했다고 한다.

죽음을 맞이하는 바로 그 순간에 히로부미도 이십대 초반의 젊은 시절에 존왕 양이 사상을 믿고 3건의 습격 사건에 가담했던 자신의 젊은 날의 모습이 생각났었는지도 모른다.

히로부미가 하얼빈까지 오게 된 이유는, 한국 통감을 사임하고 추밀원 의장으로 취임한 차제에 남만주 철도 주식회사 초대 총재였던 고토우 신페이(後藤新平, 1857~1929)의 강한 권유가 있었고 전쟁까지 치룬 러시아와의 유대 강화를 위해 하얼빈에서 러시아 재무 장관인 브라디미르 코코프세프와 회담하기로 되어 있었다.

일본이 러시아와 함께 만주와 조선에 대한 지배권 확보를 위해 경쟁하는 가운데서도 히로부미는 평생 러시아와 우호 관계를 유지하려고 노력하였다.

일본이 영국과 영일 동맹을 맺은 후 러시아와 전쟁을 치르게 되는데, 러일 전쟁 후에도 그의 심복인 카네코 켄타로金子堅太朗를 통해 미국에 강화를 주선토록 요청하였고 그 결과물이 포츠머드 강화 회담으로 나타났다. 카네코는 하버드 대학에 유학했는데 당시 미국 대통령은 카네코와 동문인 시어도어 루즈벨트로 친분이 있었다.

암살된 히로부미의 유체는 군함으로 일본 본토에 이송되어 1909년 11월 도쿄 히비야 공원에서 40만 명이 운집한 가운데 국장으로 치러진다.

히로부미의 나이 68세 때 식민지화가 진행되고 있던 조선의 독립 투사가 쏜 총탄을 맞고 쓰러진 것은, 히로부미 개인으로서는 일본 국민들에게 그의 이름을 영원한 애국자이자 존경받는 지도자로 남을 수 있는 계기가 되었다.

아무튼 일본에서는 근대 국가의 기초를 마련한 보기 드문 정치가이자 국제적인 시야와 개방적인 성격을 가진 외교관으로서 큰 대접을 받고 있는데 반해, 이웃 나라 한국에서는 국적國賊으로 취급받고 있는 이토 히로부미는 19세기 말부터 20세기 초에 걸쳐 일본은 물론 조선·중국·러시아 등 동아시아의 역사를 엮어가는 데 상당한 영향력을 행사했던 사람이었음에는 틀림없다.

이처럼 히로부미가 출세 가도를 달리게 된 데에는, 풍부한 해외 경험과 능숙한 영어 능력이 뒷받침되었다고 할 수 있으며, 국가 재건 과정에서 발생했던 다양한 갈등의 조정자 역할을 능숙하게 해 냈던 것이 주효했다고 할 수 있다.

정국 운영의 주도자로, 노련한 외교적 수완을 보이다

메이지 유신은 죠슈 번과 사스마 번의 출신자들에 의해 실행되어 성공했던 정치적인 무혈 혁명이었다. 양쪽 번의 대표자로는 기도 다카요시와 사이고 다카모리, 오쿠보 도시미치 등을 들 수 있다. 일본 역사가들은 이들 3인을 가리켜 메이지 유신의 3걸傑이라고 추앙하고 있다.

그러나 히로부미가 36세 때, 기도 다카요시는 병으로 죽고 몇 개월 후 사이고 다카모리가 반역죄로 자결한데 이어 이듬해에는 오쿠보마저 암살당함으로써, 히로부미는 차세대 대표 인물로서 청일 전쟁과 러일 전쟁을 치루고, 하얼빈 역에서 암살당할 때까지 정국을 주도하게 된다.

이런 가운데, 바깥 세상을 알게 된 일본 국민들 간에는 자신들의 권리를 주장하고 사회 각층에 걸쳐서 자유 민권 운동이 확산된다. 이러한 일련의 움직임들은 헌법 제정을 요구하는 목소리로 나타나기 시작했고, 히로부미는 헌법 제정과 국회 설립이 불가피하며 대세를 거스를 경우 메이지 정부 자체가 무너질 수 있음을 깨닫게 된다. 그리고 곧장 향후 일본의 정치 체제政體를 규정할 헌법 제정에 착수하게 된다.

히로부미는 독일형 군주제를 모범으로 하는 흠정 헌법을 일본국 헌법의 모델로 삼게 되는데, 당시 오오쿠마 시게노부(와세다 대학 설립자)가 주장하는 영국형 의원 내각제 등의 정체政體와 대립하는 우여곡절을 겪게 된다.

히로부미가 당시 일본 제국의 헌법을 기초하는 데 독일의 정치 제도를 모델로 삼았던 것은, 독일이 일본과 같은 군주제 아래서 정부를 운영하고 있었기 때문이었다. 당시 독일은 비스마르크 수상을 중심으로 국가 발전이 빨랐던 영국과 프랑스 등 열강의 틈새에 끼여 있는 상황에서 군주제를 강화시켜 부국 강병을 도모해 나간다는 입장이었다.

최근 들어 국제 사회에서의 일본의 지위 향상과 북한 핵개발 및 중국의 대두 등 동북 아시아의 정치 외교 지형의 변화로 일본의 헌법 개정 문제는 한국 등 주변국에 민감한 외교적 현안으로 부상되고 있는 것이 오늘의 현실이기도 하다.

당시 일본 정국은 제국 헌법의 정신에 따라 선거가 치러지고 여당과 야당이 탄생하면서 히로부미를 중심으로 한 여당이 과거와 같이 전횡적으로 정국을 운영해 나갈 수 없게 된다. 메이지 유신을 주도했던 죠슈 번과 사스마 번 출신자들 중심의 정국 주도에 대해 한바츠(메이지 유신 때 공을 세운 번 출신의 유력자들이 만든 정치적인 파벌)라는 비판이 높아져 히로부미는 고민하게 되고, 59세 때(1900년)는 입헌 정우회라는 정당을 결성해 정국 운영을 원활히 도모하려고도 했다.

아무튼, 히로부미는 메이지 정부 아래서 초대 총리에 부임한 이후 메이지 천황의 최측근으로서 천황을 보필하면서 정국을 주도해 가는데, 불리할 때는 물러나고 자신을 필요로 하는 시기가 도래했을 때는 사양하는 모양새를 갖추면서 총리 대신 직을 다시 맡아 네 번이나 수상을 역임했던 불세출의 수완가였다. 당시 메이지 천황에게 귀에 거슬리는 쓴 소리를 진언할 수 있었던 유일한 정치가였다고까지 전해진다.

히로부미는 젊은 시절 선진 문물이 가장 발달했던 영국에 유학하고, 서구 제국을 기행하면서 외교의 중요성을 몸으로 익힌다. 그가 처음으로 외교 일선에 선 것은 영·불·미·화란(네덜란드) 4개국 연합군에 의해 고향 죠슈 번의 시모노세키가 함락(1864년 12월)된 후 강화 조약을 체결할 때였다. 그 당시 다카스키 신사쿠가 협상 대표로 나왔고 이때 통역을 담당한 이래 일본의 중요한 외교적 사건에는 빠짐없이 히로부미가 전면 또는 배후에 자리 잡고 있었다.

특히, 청일 전쟁 후 배상금 문제를 결정짓기 위해 시모노세키 춘범루에서 열렸던 청일 강화 회의(시모노세키 조약, 1895. 4. 17)에서 히로부미는 외무 대신 무츠 무네미츠와 함께 전권 대사로 참석하여 청나라 정치가 리홍장李鴻章을 상대로 전승국답게 강경한 자세를 취해 '조선 독립의 승인, 요동 반도와 대만의 할양, 배상금 2억 량 지불' 등의 약속을 받아낸다.

이런 전승 협상의 결과는 일본 경제 부흥에 크게 기여하게 되며, 나중에 치러진 러일 전쟁의 강화 협상(포츠머드 조약, 1905. 9. 5)에서 일본이 러시아로부터 배상금을 받지 못하는 등 청일 전쟁에 훨씬 못 미치는 외교적인 성과를 보인데 대해 국민들이 분노하는 소위 '히비야 폭동 사건'(1905. 9. 6, 도쿄 시내 히비야 공원에서 발생)이 일어나는 원인을 제공하기도 한다.

당시 히로부미나 고무라 등 일본 외교 당국자는 러시아 측 협상 전권 대표인 비테(Sergei Witte) 재무 장관의 노련한 외교술로 인해 어려운 게임을 하고 있었고 국민의 기대에 미치지 못해 히비야 폭동이라는 국내 소요를 초래했던 점을 생각하지 않을 수 없었다.

필자는 일본에서 근무하던 시절, 반기문 UN 사무총장(당시 외교 통상부 장관)으로부터 "전쟁을 종결짓는 강화 협상에서도 전승국이 100%를 가져가는 협상은 없으며 51 : 49의 게임일 경우도 적지 않다."고 말씀하신 것을 들은 바 있다. 앞으로 우리나라가 외국과의 FTA 협상 등을 하는 경우에도 시사하는 바가 크다고 하겠다.

나중에 청일 전쟁의 배상 협상에서 얻은 요동 반도는 러시아·프랑스·독일 등 3국 간섭에 의해 다시 청에 반환하게 되는데, 이때에도 히로부미는 국민 여론에 반하면서까지 일본에게 불리하게 전개되는 국제 정세를 관찰하면서 외교적인 양보를 할 줄 아는 노련한 정치가였다.

러일 전쟁을 치룬 후, 히로부미는 "만주는 일본의 영토가 아니다. 육군은 이를 잊어서는 안 된다."고 계속 주장했던 정치가이기도 했다.(히로부미가 죽고 훨씬 후의 일이나, 제 2차 세계 대전을 촉발한 군부는 이런 경고를 망각한 채 전쟁을 벌여 국가 패망을 초래했다는 지적도 적지 않다.)

러일 전쟁(1904. 2. 8 발발)에서 일본이 승리한 후 미국의 시어도어 루즈벨트(Theodore Roosevelt) 대통령의 중재로 미국 동부 뉴햄프셔 주 항구 도시인 포츠머드에서 러일 간 강화 협상(1905. 8. 10~9. 5)을 하기 위해 일본은 고무라 주타로우(이후 외상 역임)를 전권 대사로 파견하게 되는데, 이때 도쿄 신바시 역에 환영 나온 수만 명의 군중 속에서 히로부미는 고무라 전권 대사에게 이렇게 말한다.

"러일 간 강화 협상은 매우 어려운 교섭이다. 비록 전쟁에 승리했어도 일본이 얻을 것이 매우 적으며 귀국 시에는 이렇게 많은 환영 인파는 없을 것이다. 혹시 린치를 당할지도 모르는 상황이 벌어질 지도 모르겠으나, 나 자신만은 당신을 환영 나오겠다."

외교적 수완가로서 히로부미를 기억할 만한 대목이다.

급변하는 국제 정세를 정확히 예측한 탁월한 외교 능력

작금의 기업 경영에서는 글로벌한 경영 환경을 감안하지 않고서는 기업의 생사와 발전을 생각하기 힘든 시대가 되었다.

100년 전만 해도 '쇄국이냐 개국이냐'라는 갈림길이 그 나라의 미래를 좌우할 정도로 큰 영향을 미쳤다면, 다시 지금은 100년 전의 그 시대와 마찬가지로 격동하는 변화의 시기이면서 서로 긴밀하게 얽혀 있는 세계 경제가 한 나라뿐만 아니라 여러 나라에도 동시에 영향을 미치기 때문에 미래에 대한 예측 능력과 발 빠른 대처가 더욱 필요해졌다. 시대와 형식은 달라졌지만 급변하는 국제 정세에 대처하는 능력은 여전히 중요한 변수로 작용한다.

이미 145년 전에 젊은 히로부미는 영국 유학을 통해 산업화된 서구 문물로부터 큰 충격을 받고 국가 발전 전략을 고민했다. 이후 국가를 운영해 나가는 위치에 섰을 때, 서구의 초기 자본주의 체제를 과감히 도입하고 서구 제국주의에 대해서는 제국주의로 맞선다는 전략 아래, 다가올 미래를 예측했으며 균형 있는 정책으로 일관하면서 세상을 읽고 있었다.

그의 그러한 관점이 결국은 아시아의 식민지화를 더욱 부추기는 부작용을 낳기도 했지만, 청나라와 러시아를 상대로 2차례의 전쟁에서 승리했던 일본의 입장에서는 세계의 열강들과 어깨를 나란히 하는 결과를 가져왔다. 그 와중에 서구 제국들과의 관계에서 그가 보여 준 외교적인 수완은 그의 존재감을 더욱 돋보이게 하였다.

우리의 경영인들도 최근의 미국 발 금융 위기로 한층 더 불확실성이 고조된 상황에서 많은 어려움을 겪고 있다. 때문에 창업을 하거나 기존의 사업을 지켜나가는 데 비지니스 트렌드를 읽어 내고 사업 아이템을 잡아 내기가 무척 힘들어졌다.

그러나 앞으로 다가올 시대의 흐름을 정확하게 캐치하면서 한쪽으로 치우치지 않고 균형감 있게 착실히 준비해 나간다면, 오늘의 어려움을 이느 정도 극복해 나갈 수 있을 것이라고 본다.

확실한 비전을 제시하라
진실된 정보를 함께 공유하라

우에스기 요잔(上杉鷹山)

우에스기 요잔(上杉鷹山, 1751. 9. 9~1822. 4. 2), 일본 에도 시대의 정치가

백성을 위한 백성에 의한 백성의 정치로,
위기를 기회로 바꾼 행정가

　　존.F.케네디 미국 대통령(35대 대통령)이 1960년 대 초 일본을 방문하기에 앞서 워싱턴에서 일본 언론사의 특파원들과 대담을 가진 적이 있었다.

　　이 기자 간담회에서 한 일본 기자가 케네디 대통령에게, "가장 존경하는 일본인은 누구인가?" 라는 질문을 하자, 케네디 대통령은 망설임 없이 "우에스기 요잔"이라고 대답했다.

　　그러나 아이러니하게도 당시 기자 간담회에 있던 일본 기자들 중에서 우에스기 요잔을 알고 있던 사람은 한 명도 없었으며, 일본 국내에서도 "요잔이 누구인가?"라는 유행어가 생길 정도였다. 빌 클린턴 미국 대통령(42대 대통령)도 우에스기 요잔을 일본 정치인 중에서 가장 존경한다고 언급한 적이 있다.

이처럼 미국에서 우에스기 요잔에 대한 인기가 높았던 것은 아마도 메이지 시대에 영문으로 출간되었던 『대표적인 일본인』이 외국에 소개된 데 영향이 컸다고 생각된다. 『대표적인 일본인』은 기독교 사상가로서 우리나라의 함석헌·김교신 선생에게도 영향을 끼친 우치무라 간조 (1861~1930)가 쓴 책이다.

일본에서 지난 2007년 요미우리 신문이 자치 단체장을 대상으로 실시한 설문 조사에서도 이상형으로 생각하는 리더로서 '우에스기 요잔'을 1위로 들고 있다.

우에스기 요잔(1751~1822년)은 에도 시대 후반기 봉건 사회에서 극도로 재정이 피폐해진 동북 지방에 소재한 요네자와 번(현재 야마가타 현 요네자와 시 일원)의 번주였다. 요잔은 젊은 나이에 재정 개혁을 이루어 내고 일본 역사상 처음으로 백성을 번(나라)의 주인으로 인식한 지도자이기도 하다.

국민들에게는 일에 대한 즐거움과 근검 절약 정신을 심어 주고, 지배 계급인 기존 사무라이들의 저항 세력을 혁파하면서 학교를 통해 신분에 관계없이 교육을 시키고 의식을 개혁함과 동시에, 사회적인 약자를 배려하고 지역 산업의 발전을 통해 재정을 획기적으로 재건했던 인물이다.

우리나라에서도 김영삼 대통령이 요잔의 요네자와 번정藩政 개혁에 대해 관심을 보인 적이 있었다. 당시 청와대에서는 김영삼 대통령의 의중을 간파하고 관료들에게 요잔의 개혁에 관해 서술한 『불씨』라는 책을 권장하여 공무원들의 필독서가 되기도 했었다.

항간에서는 청와대의 칼국수도 요잔의 청빈·절약의 정신을 본받아

오찬 메뉴로 등장한 것이 아니냐는 설도 있었다. 청와대의 칼국수를 통해 우리 국민들에게도 절약 의식을 제시하려고 했다는 이야기도 회자되었다.

요잔은 1751년 9월 지금의 규슈 지방인 미자자키 현에 소재하는 작은 번인 다카나베 번의 번주인 아카즈키 타네요시의 차남으로 에도에 있는 다카나베 번의 출장소에서 태어났으며, 어릴 적의 이름은 나오마츠였다.

9세 때(1759년), 후사가 없는 요네자와 번주인 우에스기 시게사다의 양자가 되었다. 조모(즈이요우인)가 "어린 나이인데도 노는 것이 보통아이와 달랐다. 침착하고 영리하였으며 효심이 두터운 성격을 지녔다."며 어머니 계열로 먼 친척 관계(어머니는 요네자와 번주와 조카뻘)에 있었던 요네자와 번주에게 양자로 들일 것을 추천한 것이 계기가 되었다.

그 후 번주로서의 소양을 쌓기 위해 오와리(지금의 아이치 현 도카이 시) 출신의 고결한 유학자인 호소이 헤이슈로부터 학문을 사사하고, 16세 때(1766년) 에도막부의 10대 쇼군인 도쿠가와 이에하루의 이름 중 한 자를 하사받아 우에스기 하루노리로 개명하고, 이듬해 9대 요네자와 번의 번주가 된다.

요잔은 한창 일할 나이인 35세 때(1785년 2월), 번주의 자리에서 물러나고 후계를 자신이 나은 자식이 아니라, 선대 번주(우에스기 시게사다)의 넷째 아들인 하루히로治廣를 10대 번주로 지명하여 번정을 관장하도록 한다.

요잔은 후계 번주인 하루히로에게 번주를 물려 줄 때 '나라에 전하는 말씀'(傳國之辭,1785. 2. 6) 이라고 알려진 번주의 마음가짐 3개조를 제시했는데 그 내용은 아래와 같다.

1. 국가는 선조로부터 자손에게 전해 내려오는 것으로 결코 자신의 것으로 해서는 안 된다.
2. 백성은 국가에 귀속되는 것으로 결코 자신의 것으로 해서는 안 된다.
3. 백성을 위해서 존재하는 번주이어야 하고, 번주를 위해서 백성이 존재해서는 안 된다.

요잔이 남긴 훈계는 번주의 상속 시 가훈으로서, 메이지 유신으로 번이 폐지될 때까지 계승되었다.

요잔이 19년 동안 정무를 관장하고 이른 나이에 번정을 이양한 것은 자신에게 집중되는 백성들의 기대가 지나침을 의식했기 때문이다. 결국 자신이 모든 일의 해결사처럼 번을 이끌어간다면 후계자의 입지가 설 수 없다는 생각과 선대 번주이면서 양부인 시게사다가 살아있는 동안, 그의 친자인 하루히로에게 후계 자리를 물려 주어야한다는 의리도 작용했다고 할 수 있다.

그러나 번주 이양 후, 재정 개혁이 탄력을 받지 못하고 정체되는 어려움에 처하게 되자, 요잔은 번주 하루히로를 강력히 지원하면서 개혁을 성공적으로 이끌도록 지도한다.

사실상 요네자와 번의 재정 개혁으로 알려진 사업들은 그의 나이 35

166

세웠던 은퇴 이후 장기 재정 계획을 수립하고 제도적인 뒷받침을 통해 이루어졌다. 특히, 은퇴 후 몇 년이 지나지 않아 번주 하루히로의 개혁은 보수 회귀적인 색채가 강해지고 재정 긴축만이 강조된 나머지 사무라이 및 농민들 사이에서는 개혁의 피로가 더해지고 있었다.

요잔은 1791년 소위 관정 개혁寬政改革이라고 불리는 개혁을 단행한다. 요잔도 먼저 국정 개혁에 앞서 재정의 피폐한 실태를 공개하고 사무라이들로부터 현상의 타개를 위한 의견을 모은 후 인재를 널리 등용하여 행정 · 정무 기관의 축소로 결재 단계를 줄이는 한편, 세출 반감의 긴축 재정으로 행정 관료를 정리하고 각종 행정 기구를 통합해 나갔다.

또한, 백성들의 의견을 듣는 신문고를 설치하여 올라온 상소문을 매월 1일과 15일에 개봉하여 민원을 공명 정대하게 처리해 나갔다. 특히, 재정 재건의 핵심은 번에서 생산한 제품의 애용 · 공공 기관의 경비 지출 삭감 등 소극적인 긴축 방안과 도시 어용 상인과의 연대를 강화하여 산업을 장려하는 것이었다.

요잔은 은퇴 후에도 10대 번주와 11대 번주를 도와 정무 전반을 지도하였는데, 이러한 후견 활동은 요잔이 직접 나서 달라는 내외의 여론이 강하게 작용한 것이기도 했다.

요잔은 1822년 3월 향년 72세의 나이로 임종하는데, 이 시기의 요네자와 번은 에도막부의 여러 번 가운데에서도 가장 경제적으로 풍족했고 사회적으로도 안정되어 있었다. 그러한 그의 공로 때문이었는지 장례식 날에는 수만 명의 백성들이 요잔의 죽음에 대해 부모를 여읜 것처럼 슬퍼했다고 한다.

진실을 바탕으로
과감히 개혁을 추진하다

어린 나이에 번주가 된 요잔의 개혁이 성공할 수 있었던 가장 큰 원인은 그의 진실성일 것이다. 철벽과도 같던 늙은 중신들의 기득권과 이미 피폐해진 삶에서 절망을 경험하고 있던 백성들의 불신을 깨기 위해서 어린 그가 할 수 있는 것은 최선을 다하는 것과 진실은 통한다는 자신의 의지를 관철시키는 것뿐이었다.

그는 경세가이면서 실천가였다. 큰 이상을 마련하고, 거기에 맞게 전략을 세워 비전을 제시한 후, 구체적인 행동으로 실천에 옮겼다. 개혁의 방향이 정해지면 그 후 기득권에 안주하는 가신 그룹보다는 옳은 말을 직언할 수 있고 능력을 겸비한 참신한 사무라이들을 기용하여 자신의 개혁 정신을 백성들에게 전파함으로써 사무라이와 백성들이 힘을 합쳐 요네자와 번의 행정·경제·사회 체제 전반의 개혁을 완성해 나갔던 것이다.

개혁을 추진하는 과정에서 많은 반대와 비판도 있었지만 예리한 판단과 냉철한 통찰력으로 뚝심있게 하나씩 극복해 나가는 그의 방법 또한 모든 것을 백성과 함께 푼다는 전제하에서였다. 현실을 있는 그대로 모두에게 보여 줌으로써 상하 구분 없이 정보를 함께 공유했다. 그것이 그의 개혁 성공의 또 다른 중요 요소가 된다.

현재의 재정 상황 및 경제적 상환 능력 등을 공개하고 백성들에게는 근검 절약의 노력이 절대적으로 필요하다며 이해와 협조를 구했다. 중신들을 처단할 때에도 가장 낮은 계급의 사무라이들까지 소집해서 결정을 지었다. 봉건 시대에 민주적인 정치를 한 셈이다. 다수결의 원칙을 끌어 내고 현 실정을 그대로 드러내 보여 줌으로써 다음 단계로의 행동 지침을 스스로 깨닫게 해 준 것이다.

아마도 미국의 케네디 대통령이 요잔을 존경하는 일본의 인물로 뽑은 이유가 여기에 있지 않을까 싶다. 백성을 세원稅源으로 밖에 생각하지 않았던 봉건 제도하에서 요잔은 백성의 존재를 주인으로 격상시켰다. 번주와 가신들을 위해 백성들이 있는 것이 아니라 백성들을 잘 살게 하기 위해 정치를 잘 해야 한다는 그의 목민牧民 의식은 역으로 보면 공명 정대한 진실성에서 기인한 것이다. 유교적 논리에 기반을 두고, 백성을 사랑해야 한다愛民는 도덕적 가치관이 그의 솔직함과 어우러져 가난에 허덕이던 번藩을 일으켜 세우는 원동력으로 작용한 것이다.

"인간은 무엇이든 하면 할 수 있다. 하지 않으면 할 수 없다. 할 수 없는 것은 정말 하려고 하지 않기 때문이다."라고 실천을 강조했던 요잔의 명언은 물론, 그가 이룩해 놓은 요네자와 번의 재정 재건 등의 업적은 지금도 일본 각지에서 학교 입학식이나 졸업식 및 신입 사원의 입사식 등에서 자주 인용되고 있다.

스승 호소이 헤이슈가 젊은 요잔에게 자주 들려 주었던 이야기도 전해 내려오고 있다.

도쿠가와 막부의 직할령인 기슈(지금의 와카야마 현) 번주 도쿠가와 요리노부는 가르침을 어겼기에 그 스승으로부터 무릎을 심하게 꼬집힌 적이 있었다. 요리노부는 그때 생긴 무릎의 반점을 물끄러미 바라보는 것이 평소 습관이 되었다. '이것은 스승이 나에게 준 경고이다. 스승이 내게 자신을 돌아보고 자신과 백성에게 성실한가를 묻고 훈계하고 있다.…… 그러나 유감스럽게도 나이를 먹어 감에 따라 반점의 색이 엷어져 나의 신중함도 줄어들고 있다.'는 내용이었다.

요잔은 스승에게서 이 이야기를 들을 때마다 눈물을 흘렸다고 한다. 유학자인 스승으로부터 들은 중국 성현의 "백성을 돌보는 일을 자기 몸의 상처와 같이 하라."는 말은 요잔의 마음 속에 깊은 인상을 심어 주었고, 그는 일생 동안 부모의 심정으로 백성을 따뜻하게 돌보는 마음가짐으로 번을 통치했다.

요잔은 스승 호소이 헤이슈 외에도 번주의 시의(侍醫)이자 학자였던 와라시나 쇼하쿠를 통해서, 학문과 현실은 둘이 아니고 하나이므로 학문은 실천이 반드시 따라야 한다는 실용의 학문을 접하는 등 요네자와 번정藩政의 개혁은 결국 이들 두 스승의 학문에서부터 배태되었다고 할 수 있다.

우리가 알고 있는 우에스기 요잔이라는 이름은 번의 정무를 후계 번주에게 물려 준 후, 상당 기간이 지난 52세 때(1802년), 삭발을 하고 요잔이라는 호를 쓰게 된 데서 비롯되는데, 이 호는 요네자와 번의 북부에 소재하는 시라다카 산에서 유래되었다고 전해진다.

지금도 과거 요네자와 번이였던 야마가타 현 주민들은 요잔공鷹山公이라고 존경하며 우에스기 가문의 시조인 겐신과 더불어 수호신으로서 신사에 모시고 있다.

요잔이 양자로 들어간 우에스기 가문은 원래 지금의 니이가타 현과 이시가와 현 등을 포함하는 에치고 지방과 일본 서북쪽 해안의 몇 개의 영지(호쿠리쿠 지방 : 엣추, 노도, 카가)를 소유했던 우에스기 겐신을 시조로 하는 전국 시대 때 강대한 5대 번 중의 하나였다.

그러나 우에스기 겐신 이후 도요토미 히데요시에 의해 일본이 통일되면서부터는 히데요시의 권유로 간토우 지방에 둥지를 틀고 있던 도쿠가와 이에야스를 견제하기 위해 동해안에 면한 내륙 지방으로 130만 석의 영지인 아이즈로 옮겨진다. 그러나 히데요시가 죽은 후 동서 진영이 나뉘어 다투었던 운명의 세키가하라 전투에서 히데요시를 추종하는 서군의 이시다 미츠나리 계열을 지원하여 패배한다.

그 결과 영지도 30만 석의 규모로 크게 줄어들고 중앙 정부인 에도로부터 멀리 떨어진 일본 열도의 동북쪽 끝단에 위치한 요네자와로 또다시 옮겨지는 운명을 맞게 된 것이다. 하지만 얼마 지나지 않아 재차 분봉(고쿠다카)이 반으로 줄어들어 요네자와 번은 15만 석의 소규모 영토로 전락했다.

요잔은 16세 때부터 2년 동안 에도에서 산킨코우타이를 마치고 비로소 자신의 영지인 요네자와로 떠난다. 요네자와는 동북 지방에 있는 눈이 많이 내리는 추운 지방이다. 요잔은 늦가을 눈발이 날리는 날 추운 날씨에 8일간의 여정으로 영지로 가는 도중에 큰 깨달음을 얻게 된다.

추운 날씨 탓으로 가마 안에서 화로 숯불을 열심히 불고 있던 요잔의 모습을 보고 있던 수행원이 새로운 불씨를 가져 오겠다고 말하자, 요잔은 "괜찮다. 지금 멋진 교훈을 배우고 있는 중이다."고 말하며 사양한다. 그날 밤 일행이 묵은 역참에서 요잔은 수행원들에게 그날 배웠던 교훈을 말한다.

"나는 오늘 가마 속에서 우리 백성들의 비참한 생활상을 목격하고 절망으로 괴로워하고 있을 때, 눈앞의 작은 숯불이 꺼질 것 같은 느낌을 받았다. 조심스럽게 들어 올려 참을성 있게 호호 불어 대자 불씨가 되 살아나는 것을 보았다. 나를 수행하고 있는 여러분들이 불씨가 되어 번의 백성들에게 개혁을 전파해 나간다면 우리가 다스리는 토지와 백성들을 되살리는 것이 불가능한 일은 아닐 것이다."고 설명한다.

10대 후반의 어린 나이임에도 번주라는 지위에서 그가 얼마나 많은 고민을 하고, 눈 앞의 현실을 보면서 그 해결책에 대한 모색을 준비하고 있었는지를 잘 알 수 있는 대목이다. 훗날 이 불씨와 관련된 이야기가 작가인 도몬 후유지에게 요잔을 세상에 알리는 계기가 되는 소설의 불씨가 된다.

번사 한 사람 한 사람이

불씨가 되어 주기 바란다.

우선 자신의 가슴에 불을 붙여 주기 바란다.

그리고 타인의 가슴에도 그 불을 옮겨 주기 바란다.

그러기 위해서는 나도 자신을 불태우겠다.

― 『불씨』, 도몬 후유지 지음 중에서 ―

1769년 10월 요잔이 번주로 부임한 요네자와 번은 15만 석의 소규모 영지인데도 불구하고 120만 석의 아이츠 번 시절부터 내려오는 6,000여 명의 가신단을 정리하지 못해 인건비의 부담이 매우 컸다. 또한, 명문 가문의 사치 생활이 그대로 배어있어 18세기 중엽에는 빚이 20만 냥까지 누적되는 등 재정 상태가 극도로 피폐되어 있었다.

재정을 호전시키기 위해서는 극도의 절약밖에 다른 방법이 없었다. 번주 스스로가 에도에 체류하는 동안 1년간의 가계 지출을 1,500냥에서 209냥으로 1/7로 삭감하고 집안을 돌보는 하녀도 50명에서 9명으로 줄였다. 자신이 입는 옷은 목면으로 한정하고 식사거리는 국 하나와 반찬 하나를 넘지 않도록 했다. 가끔 우동과 소바(메밀 국수)만 요구했다.

소위 '국 한 가지, 반찬 한 가지, 무명옷'이라는 검약령을 발표하고 스스로 앞장 서서 실천해 나갔던 것이다. 가신들도 수당을 절반으로 줄이는 등 절약하여 거기서 모아진 돈은 번의 부채를 갚는 데 사용했다.

이런 내핍 생활이 16년 동안이나 계속됨으로써 어느 정도 번의 재정 상황이 개선될 수 있었다.

요잔은 봉건 제도의 세습적인 성격을 벗어나지 않는 범위에서 '능력에 따른 인재 배치'를 해야 한다는 민주적인 사고 방식을 가지고 있었다. 적합한 인재를 적재 적소에 배치하지 않고서는 선정善政을 베풀 수 없다며 능력 있는 인재에게는 부족한 재정이지만 아낌없이 수당을 지급하여 번의 행정 능력을 제고시켜 나갔다.

부모의 심정으로 백성을 잘 다스리고, 백성들에게 올바른 관습과 의식을 함양시켜 나가고, 범죄자는 죄상에 따라 엄하게 다스렸는데 5년 동안이나 어떤 방해를 받지 않고 시행되었다. 그 결과 절망스럽던 사회 풍조도 희망의 기운이 되살아나기 시작했다.

한편, 이런 개혁에 반대하는 기존 보수 세력인 7명의 중신들은 젊은 요잔에게 개혁 체제를 철회하고 과거 체제로 돌아갈 것을 강요했다 (1773. 6. 27). 요잔은 즉답을 피한 채 며칠이 지난 후 전체 가신 회의를 소집하여 자신이 시행 중인 번정 개혁이 하늘의 뜻에 부합한지를 물었는데 압도적으로 찬성하는 사람이 많았다. 요잔은 개혁에 반대했던 중신 가운데 5명에게는 영토의 반을 몰수함과 동시에 무기 근신 처분을 내리고, 주모자 2명에게는 명예롭게 할복하라고 명령한다.

개혁을 성공시키기 위해 정치적인 숙청을 단행할 수밖에 없었던 이 사건을 계기로 번의 정무는 일시적으로 정체되었으나, 차츰 요잔이 추진하려는 개혁은 탄력이 붙어 크게 개선되어 갔다.

의식 개혁으로 산업 발전을 이루고,
백성들의 부를 축적시키다

　요잔은 자신이 관할하는 영지 안에는 황무지를 남기지 않는다는 것과 게으른 백성은 용서하지 않는다는 신념을 가지고 당시의 경제 기반이었던 농업 생산 기반을 조성하고 생산력을 높이는 데 주력하였다. 취임 후 2~3년이 지난 후부터 번농 기원제를 통해 "땅은 신성하며 생활의 혜택은 대지로부터 주어진다."는 점을 백성들에게 각인시켜 나갔다.

　지배층인 사무라이들을 평상시에는 농민들과 똑같이 노동에 종사하도록 하여 놀리던 황무지를 토지로 일궈 내고 동북 지방인 요네자와 번의 풍토에 잘 맞지 않는 쌀농사 위주의 산업 체제를 보완하여 옻나무·닥나무·뽕나무·쪽나무 등 특용 작물을 심어 새로운 산업을 일으켰다.

　칠기 도료에 사용되는 옻나무를 심으면 그에 대한 보상금을 주는 식으로 인센티브를 부여하는 식으로, 개간이 적합하지 않는 땅에는 종이를 만드는 닥나무를 심었으며, 영지 내에는 뽕나무를 집중적으로 심어 명주의 산지로 거듭나게 했다.

소위 옻나무·닥나무·뽕나무 등 각 100만 본 식재 계획을 발표(1775. 9. 12)하고 추진해 나갔다. 식목의 비용을 지불하고 4~5년간 육성 상황을 지켜보면서 고목이 될 경우 다시 심게 하고, 다시 심지 않으면 벌금을 부과했으며 잘 자란 나무들은 번이 일정량을 구매해 주었다.

그리고 뽕나무를 심고 누에를 쳐서 생견을 뽑아 견직물을 짜기 위해 인근의 에치고와 신슈 지방으로부터 고액의 임금을 주고 기술자들을 초빙하여 백성들에게 양잠 기술을 전수하도록 하였다.

관개 수로 정비에도 힘써 20년 동안 암석으로 이루어진 2,000피트의 터널을 뚫어 황무지를 옥토로 바꾸어 놓았다. 그 후, 일본 동북 지방에 기근이 찾아와 인근의 번에서는 물 부족이 심각해 곤란을 당해도 요네자와 번에서는 흉년을 당한 적이 한 번도 없었다.

또한, 다른 번으로부터 광부를 초청하여 광산을 개발하거나 연못과 강가에서는 잉어와 뱀장어를 사육시키는 등 영지 내의 모든 가용 자원을 동원하여 산업 개발로 연결시키는 데 힘썼다. 이에 따라 옛날의 황폐했던 토지를 가진 요네자와 번은 요잔의 만년에 이르러서는 전국에서도 몇 안 되는 풍요로운 곳으로 재탄생하게 되었다.

오늘날의 야마가타 현 요네자와 시의 특산품 및 전통 공예라고 일컬어지는 것(요네자와 잉어·오갈피나무·요네자와 옷감 등)들은 모두 이 당시 요잔에 의해 장려되어 발전되어온 것들이다.

개혁이란, 제도와 체제만 바꾸는 작업이 아니라 개혁의 주체인 사람까지 바뀌어야 한다는 것을 깨달은 요잔은 번의 현재 상황과 앞으로 나아갈 방향을 번민 모두와 공유하고 그들의 협조를 구하려고 애썼다.

또한, 요잔이 번의 경제적인 부를 키우는 것은 '예절을 아는 사람'을 많이 양산하기 위한 목적에도 있었다. 요잔이 부임했던 초기에는 극에 달한 빈곤한 경제 생활로 봉건적 질서가 느슨해져 있었고, 풍속의 피폐가 현저했다. 이에 따라 사회 질서를 바로 잡는 데는 학문과 예의를 존중하는 사회 풍조의 구축이 필요함을 인식하게 된다.

'의식주가 충만하고 나서야 예절을 안다.'는 속담도 있듯이 어느 정도 경제 개혁이 순조롭게 진행되고 재정이 확충되자, 4대 번주가 설립한 후 오랫동안 폐쇄되었던 교육 기관인 번교藩校를 다시 재건(1775년 4월)한다. 겸양의 덕을 진흥시키는 곳이라는 의미로 교조칸興讓館이라고 이름 짓고 사서 오경을 중심으로 한 강의 과목을 편성하고 가르칠 교수를 초빙한다.

관장으로는 실천적 유학자로 명망이 높았던 요잔의 스승인 호소이 헤이슈를 멀리서 초빙(1771. 5. 2, 당시 44세)하였고, 재능은 있으나 가난해서 배우지 못하는 학생들에게는 장학금을 주어 학비를 면제시켜 주는 등 사무라이와 농민의 구분 없이 폭넓은 교육 기회를 제공하였다.

의료 관련 학교도 개설하여 에도에서 유명한 의사 2명을 초빙하여 약초를 재배하기 위한 식물원을 개설하고 재배한 약초로 약학을 가르쳤으며 약초 조제도 이루어졌다. 몇 명의 가신을 네덜란드 의사의 밑에서 배우도록 파견하여 서양 의술도 배우도록 하였다.

지금 생각하면 대수롭지 않은 일이라고도 할 수 있으나, 당시는 서양

의학을 공포와 의혹의 눈으로 바라보던 시절이었으며 지금으로부터 170여 년 전인 1840년대 일본 열도의 동북쪽 지방의 산간 벽지에서 이루어진 일임을 감안하면 실로 획기적인 사건이었다. 이와 함께 네덜란드 의학을 통해서 합리적인 서양 학문이 부수적으로 유입됨으로써 유학을 실학으로 응용하려는 실용적인 사상이 나오기도 했다.

또한, 번의 재정이 어느 정도 개선되자 장애인·병자·노인·과부·어린이 등 사회적인 약자에 대해서는 세제상 혜택을 주는 등 공동체적인 배려를 강화해 나갔다.

요잔은 번이 재정상 신용이 회복되고 풍족한 생활을 누릴 수 있을 정도로 안정되었음에도 불구하고 일생을 통해 무명옷을 입고 청빈한 식사를 계속했다. 낡은 다다미는 거의 수리를 할 수 없을 때까지 바꾸지 않았고 파손된 다다미에는 종이를 대는 경우가 여러 번 목격되기도 했다.

에도 시대에는 지방 영주들을 견제하는 산킨코우타이라는 제도가 있어서 영주인 번주는 일정 기간 에도에 머물러야 했다. 한번은 규슈 지방의 사스마 번 영주의 초대를 받았는데, 참석한 사람들 모두가 비단옷을 입고 있었으나 요잔은 목면을 입고 있어서 보기에 민망했다는 일화도 전해진다.

현대에도 이런 사례는 일본의 기업에서 가끔 발견된다. 일본 기업은 경영주와 사원들의 생활 수준에서 차이가 크게 나지 않는다. 이와 반대로 우리나라는 상당한 격차가 있다는 게 중론이다. 오늘날 일본의 상행위 윤리는 에도 시대 때 갖추어졌는데, 요잔과 같이 윗사람이 솔선하여 절약하는 등 모범을 보인 것이 오늘날의 경영자들에게도 면면히 이어져 내려오고 있다고 볼 수 있다.

　요잔은 가정적으로도 수신 제가의 모범을 보였는데 당시에는 지배 계층인 사무라이들도 웬만하면 첩을 4~5명씩 두곤 했다. 그럼에도 불구하고 요잔은 10세 연상의 첩을 한 명밖에 두지 않았다. 여기에는 특별한 사정이 있었다. 요잔이 19세 때 요네자와 번주인 우에스기 시게사다의 2녀(요시히메, 幸姬)를 부인으로 맞이했는데 그녀는 선천적으로 10세 아이 정도의 지적 수준을 가진 발육이 불완전한 장애인이었다.

　그러나 요잔은 애정을 가지고 부인에게 정성을 다했고, 부인을 위해 놀이 기구나 인형을 만들어 위안해 주었으며, 부인을 에도에 살게 하고 첩을 요네자와 번에 남아 있게 하여 장애가 있는 부인과 비교하는 경우가 없도록 배려했다.(부인 요시히메는 30세에 사망하고 첩은 81세까지 장수했는데 부부 관계는 원만했다.)

　이런 상대방을 배려하는 인격자로서의 요잔의 행실은 전임의 번주이자 양부인 시게사다重定에 대한 효행에서도 찾아 볼 수 있다. 양부 시게사다는 청빈했던 요잔과 대조적으로 일상 생활이 화려하고 사치스러운 편이었다. 요잔은 요네자와 번 전체가 검약을 실천해 가는 상황에서도 유교적 효도관에 따라 사치스러운 시게사다를 극진히 모셨다. 그리고 양부가 병이 들었을 때에는 아침부터 저녁 늦게까지 극진히 간병한 결과 중병을 낫게 하는 등 효행을 몸소 실천했다.

요잔의 개혁을 실천한 미츠비시 자동차

　일본의 거대 자동차 회사인 미츠비시 자동차 마스코 오사무 사장은 2005년 회사가 경영 위기에 직면하였을 때 부임했다. 당시 회사는 경영 자원에 부합하지 않는 확대 경영 노선을 추구하고 있었던데다 국내에서는 자동차 부품의 결함 은폐 및 리콜 문제로 소비자의 신뢰를 잃어가고 있었다.

　이때, 마스코 사장은 우에스기 요잔의 번정 개혁을 떠올리면서 회사의 실정을 소상히 파악하고, 왜 이런 상태에 이르렀는가를 사원들에게 솔직히 전달한 후, 신뢰 회복과 수익 개선을 두 개의 축으로 하는 회사 재생 개혁을 추진하여 2007년도에 흑자로 반전시킬 수가 있었다고 한다.

　경영자가 요잔에게 배울 것은 한두 가지가 아니다. 그렇지만 경영자가 가장 주목해야 하는 부분은 정보 공유라고 생각한다. 일부 경영자는 정보를 독점한 채 공개하지 않는 것이 경영에 더 유리할 것이라고 생각하는 사람들도 있다. 또 마치 정보가 권력을 의미하는 양 정보를 가지고 많은 사람들 앞에 군림하려고 하는 경영자도 상당수가 된다.

　하지만 요잔은 그렇게 하지 않았다. 사소한 정보까지도 많은 사람들과 공유하였으며, 그 정보를 통해 당면한 많은 현안들을 민주적 방법으로 처리해나갔다. 이런 면이야말로 진정한 경영자의 자세라고 할 수 있다.

　한 발 더 나아가 정보 공유가 공유에서 끝나는 것은 발전적이지 않다. 공유된 정보를 바탕으로 앞으로의 계획과 비전을 제시하는 것이야말로 경영자가 해야 하는 부분인 것이다. 요잔은 바로 이 부분에서 앞서가는 인물이었다. 수많은 정보를 공유하고, 그것을 바탕으로 하층민과 지지자들에게 확실한 비전을 제시했으며, 온갖 장애를 극복해가며 추진했던 것이다.

개인은 물론 국가와 사회를
이롭게 하는 사업을 하라

시부사와 에이이치(渋澤榮一)

시부사와 에이이치(澁澤榮一, 1840. 3. 16~1931. 11. 11), 메이지 시대의 대장성 관료이자 실업가

부富의 사회적 책임을 강조한
일본 자본주의의 아버지

 지난 2006년 11월 중국 중앙 TV(CCTV)가 방영한 역사 다큐멘터리 드라마인 대국굴기(大國堀起 : '대국의 대두' 라는 의미)에서 세계 9개 강대국의 등장 과정을 조명하면서 일본의 경우에는 메이지 유신에 주목했다. 중국 중앙 TV는 메이지 유신 당시에 변혁을 주도하고 근대 국가의 토대를 마련했던 3명의 리더로서, 국가 체제를 구축한 오쿠보 도시미치·이토 히로부미와 더불어 산업 육성의 관점에서 자본주의 초석을 다진 대표 인물로 시부사와 에이이치를 들고 있다. 『시부사와 에이이치 명언집』의 '도덕과 공리 편'에 보면 다음과 같은 글이 있다.

 "다른 사람을 쓰러뜨리고 혼자 이익을 얻고자 하는 것과, 다른 사람에게도 이익을 나눠 주고 함께 그 이익을 얻고자 하는 것 중 어느 것을 우선할 것인가?"

또한, 『시부사와 에이이치 전기 자료』에는 "개인을 이롭게 함과 동시에 국가와 사회를 이롭게 하는 사업인가, 그렇지 않은가를 살펴야 한다."는 문구가 있다. 즉, 사업은 개인의 부를 축적하기 위한 수단이 아니라 여럿이 함께 잘 살 수 있게 하는 수단이어야 함을 지적함으로써 경영인의 사회적 책임을 담보해야 하며 공적인 역할의 중요성을 강조한 대목이다.

이러한 그의 정신은 지금도 일본 경제계의 분위기를 대변하고 있으며 많은 모범 사례들을 낳았다. 또한, 시부사와 에이이치가 살아 있을 때 그의 경험을 토대로 저술한 글들은 지금도 많은 일본 경영인들에게 사랑받고 있는데, 일본인들의 사회·경제 의식의 일부를 보는 듯하다. 시부사와 에이이치는 에도막부에서 메이지 시대로 넘어가는 격변의 시기에 90세를 넘게 살면서, 젊은 시절에 발전된 서양의 문물을 직접 체험하고 귀국한 후, 오늘날의 경제 대국 일본의 경제·사회 분야의 인프라를 정력적으로 구축한 인물이었다.

대장성 관료로서 도량형을 도입하고, 조세 및 화폐 제도의 개정·일본 국립 은행의 조례 제정에 관여하였으며, 퇴직 후에는 제지·방적·보험·운수·철도 등 500개 이상의 기업을 일으켰던 최초의 근대 경제인이었다. 지금으로 말하면, 일본 경제계의 대부로서 활동하면서 금융 분야를 비롯하여 각종 벤처 기업을 일으켰던 실업가이자 재무성 고위 관료로서 근대 일본의 자본주의 씨앗을 뿌렸다고 말할 수 있다.

현대 경영학의 대부라고 일컬어지는 피터 드러커는 1974년 출간된 『경영학(Management)』이라는 책에서, "시부사와 에이이치는 이 세상의 누구보다도 먼저 경영의 본질이 '책임'이라는 것을 꿰뚫어보았다."면서 일본 경제인들의 이상형으로 격찬한 바 있다.

시부사와 에이이치는 1840년 2월 지금의 도쿄 인근의 사이타마 현 후카야 시에서 부유한 농가의 장남으로 태어났다. 선조 대대로 염료의 재료인 쪽잎藍葉을 이용한 물감을 제조하여 도매로 팔면서 밭농사와 양잠을 겸업하였던 관계로 비교적 유복한 생활을 할 수 있었다. 특히, 아버지(이치로우에몽)는 매우 부지런하였으며 어머니도 주변의 어려운 사람을 배려할 줄 아는 후덕한 사람이었다. 이러한 부모의 영향은 에이이치가 후에 왕성한 경제 활동과 말년의 600여 건에 이르는 사회 공익 활동에 공적을 남길 수 있는 소양을 축적하는 계기가 되었다.

에이이치는 7세 때(1847년)부터 종형제인 오다카 아츠타다로부터 『논어』를 배웠는데, 이러한 경험이 학문적인 자양분이 되어 훗날 상업적인 부의 축적이 도덕적인 모럴에 기반을 두어야 한다는 도덕 경제 합일 사상, 다시 말해 기업의 사회적 책임(CSR)과도 연관될 수 있는 시부사와 에이이치의 경제관 구축에 큰 영향을 미친다. 당시의 시대는 페리 제독의 개항 요구로 국내 여론이 개국이냐 쇄국이냐로 갈라지고 각지에서 일본에 진출한 외국인에 대한 습격 사건이 발생하는 등 에도막부의 말기는 그야말로 혼란스러운 상황이었다.

혈기가 왕성했던 20대의 에이이치도 천황을 받들고 서양 열강을 배척해야 한다는 존황 양이尊皇攘夷 사상에 경도되어 요코하마의 외국인 거류 지역을 불사르려는 습격 계획을 세우기도 한다. 하지만 친하게 지

내던 친구로부터 지금은 때가 아니라는 조언을 듣고 이를 받아들여 습격 계획은 중단되었으나, 에도막부 관료에 의해 위험 인물로 분류되어 언제라도 체포될 운명에 처하자 23세 때(1863년), 연구회 성격의 모임에서 알게 된 히라오카 엔지로의 도움으로 교토로 피신한다. 이듬해 히라오카의 소개로 당시 도쿠가와 막부의 종가의 하나인 히토츠바시 가문의 도쿠가와 요시노부에게 몸을 의탁하고 가정家政의 개선 등에 힘을 쏟게 된다. 죽음을 피하기 위한 어쩔 수 없는 선택이었지만 당초 막부를 타도하겠다던 사람이 이제는 막부 체제 유지를 위해 봉사하는 일원이 된 셈이었다.

이와 같이 시부사와 에이이치는 과거에 가졌던 생각이나 입장을 무조건 고집하지만은 않는 융통성 있는 젊은이였다. 즉, 밀어붙일 때와 물러날 때를 아는, 여러 가지 사안에 따라 유연하게 대처하는 능력이 있는 사람이었다. 나중에 도쿠카와 요시노부는 에도막부의 마지막 쇼군(15대 將軍)이 되어 시부사와의 인생 행로에 큰 영향을 미친다. 도쿠가와 요시노부가 에도막부의 마지막 쇼군(1866년)이 된 다음 해, 다시 말해 메이지 유신이 일어나기 1년 전에 파리에서 열리는 만국 박람회에 쇼군의 동생인 도쿠가와 아키다케를 단장으로 하는 '유럽 시찰 사절단遣歐使節團'에 참가하게 되는데, 시부사와 에이이치의 나이 26세 때의 일이다.

당시 나폴레옹 3세가 통치하던 프랑스는 동양의 관존 민비나 사농 공상과 같은 신분 제도가 타파되는 등 자유주의 시대에 진입하고 있었고, 주식 회사와 은행이 설립되어 경제 발전을 준비하고 있었다. 에이이치는 자신이 저술한 『항서 일기航西日記』에서 밝히고 있듯이, 왕성한 호기심을 가지고 프랑스까지 항해하는 도중에 보고 듣고 체험한 여러 가지의 충격적인 사실들을 기록한다.

프랑스에 도착한 에이이치는 파리 만국 박람회는 물론 철도·전신·은행·조폐국·공장 등을 시찰하면서 자본주의적인 정치·경제·사회 시스템을 체득하게 된다. 가령, 프랑스로 가기 위해 통과했던 수에즈 운하를 건설하기 위해서 주식 회사를 만들어 위험을 분산하고, 이익이 났을 때는 투자한 만큼 배당받는다는 주식 회사의 이점을 간파했으며, 귀국 후에는 합리적이고 유연한 사고를 통해 체험했던 선진 문물을 일본 사회에 적용시켜 나갔다.

사절단의 자금을 관리했던 에이이치는 "돈을 은행에 예금하는 것보다 국공채나 철도 주식을 사는 것이 수익률에서 유리하다."는 프랑스 은행가의 권유로 떠날 때 국공채와 주식을 산 후, 귀국할 즈음에 팔아서 생각지도 않은 돈을 번 적이 있었다. 이런 경험은 나중에 자본주의 시스템을 일본에 도입하여 국가와 국민에게 부를 안겨 주어야겠다는 구상으로 연결된다. 또한, 사절단이 벨기에를 방문했을 때에는 국왕인 '레오폴드 2세'가 직접 나서서, "국가의 발전은 공업과 밀접한 관계가 있으며, 앞으로 철을 많이 사용하는 국가가 강해질 것이라면서 일본에서도 벨기에 기업이 생산한 철강을 구매해 주길 바란다."는 내용으로 톱 세일즈 활동을 하는 것을 본다.

에이이치는 당시 상인 계급을 천시하고 있던 일본의 사회 제도와 비교하여 충격을 받으면서도, 앞으로 상공업이 중요해질 것이라는 점은 물론 국가의 번영과 발전을 위해서는 어떻게 처신해야 하는지에 대한 힌트를 얻는다. 당시 메이지 유신이 단행되었어도 일본 사회는 아직까지 사농 공상의 신분 질서가 뿌리깊이 남아 있었는데, 시부사와 에이이치는 "상공 계급이 노력하지 않으면 일본이 강해질 수 없다." 는 의식에도 일찍 눈을 떴다.

정력적으로 활동했던 시부사와 에이이치가 당시 프랑스에서 익힌 식사 습관을 좋아했다고 했는데, 말년까지 조식에는 커피와 오트밀을 즐겼다고 한다. 에이이치가 프랑스에서 도쿠가와 아키다케의 유학 생활을 보좌하고 있을 때, 일본 국내에서는 도쿠가와 요시노부가 권력을 천황에게 내놓는 대정봉환(大政奉還, 1867년)에 의해 왕정이 복고되고 메이지 유신(1868년) 등 정치적인 변혁을 겪고 있다는 사실을 접하게 된다. 그리고 본국으로부터 유학 여비의 송금 등이 어려워진데다 아키다케의 지지 기반인 미토 번의 도쿠가와 가문의 상속 결정 문제로 2년 만에 귀국하지 않으면 안 되었다.

최초로 은행을 설립하고
각종 기업을 일으키다

에이이치는 28세(1868년, 명치 원년)에 프랑스에서 귀국한 직후, 에도막부의 마지막 쇼군의 자리에서 물러나 있던 요시노부의 배려로 도쿄 인근의 시즈오카에 머물러 있었다. 그리고 여기서 유럽에서 보고 들었던 경험을 살려 일본 최초로 주식회사 靜岡商法會所를 설립한다. 농민과 상인들에게 돈을 빌려 주거나 물품을 매매하는 것이 업무의 중심이었다. 그러나 시즈오카에 머물러 있는 동안 메이지 신정부로부터 부름을 받는다. 당시 메이지 신정부는 새로운 정치·경제 체제를 갖추면서 참신한 엘리트를 찾고 있었는데, 막부의 젊은 관료로서 프랑스로 유학을 다녀온 에이이치 만한 인물을 찾기는 어려웠다.

29세의 에이이치가 관료로서 처음으로 맡은 직책은 지금의 재무성 조세 담당 국장의 직위로, 비교적 높은 자리였다. 비록 어린 나이이지만 파리 만국 박람회 시찰단의 일원으로서 얻은 다양한 해외 견문과 경리 업무 지식을 높이 평가받았던 것이다. 그러나 부하 직원들이 막부의 관료였다며 반대한데다 자신도 쇼군 요시노부의 은혜를 입고 시즈오카에서 막 사업을 시작한 참이어서 그만 둘 계획으로 재무성 차관이었던 오오쿠마 시게노부(와세다 대학 창립자, 1838~1922)를 찾아가 그만 두겠다는 의향을 밝힌다.

오오쿠마는 에이이치에게 "그대가 사업을 하고 싶어한다는 희망을 모르는 바는 아니나, 지금은 나라를 새로이 일으켜 세워야 하는 시기이며, 대장성에서도 모두가 새로운 제도와 시스템 하에서 전례도 없는 일을 하고 있으니 이곳에 남아 역량을 발휘해 달라."고 격려하고 에이이치가 좀더 편하게 충분히 자신의 역량을 발휘하면서 일할 수 있도록 배려한다. 에이이치는 대장성 재임 시 번잡한 사무를 개혁하고, 전국적인 측량을 실시하기 전에 도량형을 개정하고, 신화폐 제도와 조세 제도 등을 정비하는 등 프랑스에서 경험한 제도들을 일본에 도입시켜 정비해 나갔다.

에이이치가 약 3년 반 동안의 대장성 재임 기간 중 관여했던 업무 가운데 특이할 만한 것은 최초로 요코하마로부터 도쿄 신바시 간의 철도 부설의 입안을 담당했다는 것이다. 혹시 독자들이 도쿄 여행 시 지하철 순환선인 야마노테 선(우리의 지하철 2호선에 해당)을 타고 신바시 역을 지난다면, 요코하마 – 도쿄 신바시 간을 운행하던 오래된 열차가 전시되어 있는 광경을 볼 수 있을 것이다.

에이이치가 프랑스에서 귀국하여 메이지 신정부의 재무성에 들어가,

제일 먼저 착수했던 일은 은행의 설립이었다. 당시 사람들은 은행의 역할을 전혀 알지 못했다. 에이이치는 돈을 집에다 모아만 두는 것은 물이 한 곳에 고여 있는 것과 같다고 설명하면서, 상행위에서 모아진 돈이 은행으로 모여지면, 물산이 증가하고 공업이 발전하며 무역이 번성한다는 설득 논리를 편다. 에이이치가 이렇게 자신 있게 설명할 수 있었던 것은, 프랑스의 초기 자본주의 형태를 알고 있는 데다 이토 히로부미로부터 미국식 은행 설립에 관한 건의와 영국인 은행가의 도움을 받아 국립 은행 조례를 공포(1872년 12월)하게 된 데 있다.

에이이치는 대장성 근무 시 미국의 은행 제도를 참고하여 '은행 설립에 관한 조례'를 작성하고 은행 설립에 착수한다. 당시 어용 상인으로 금융 분야에서 상당한 재력을 과시하고 있던 미츠이 재벌과 아사노 재벌이 다투면서 독점적으로 은행을 설립하려던 것을 저지하고, 다른 기업과 일반인들의 자본을 모아 1873년 사립 은행 성격인 제1국립 은행(第一國立銀行, 후에 第一銀行으로 개명, 현재의 미즈호 은행의 전신)을 설립하게 된다.(중앙 은행인 일본 은행은 1882년 10월 개업)

33세 때(1873년) 제1국립 은행의 은행장으로서 책임을 맡은 에이이치는 처음으로 은행을 경영하게 된데다 출자자 측의 도산으로 어려움에 봉착하기도 했으나, 당시의 경제 흐름에 맞게 은행 조례를 개정하면서 은행 설립을 쉽게 하고 화폐 유통을 활성화시키면서 경제 발전으로 연결되도록 하였다. 에이이치는 제1국립 은행을 기반으로 주식회사 형태의 회사 설립에도 힘을 쏟았는데, 생애에 걸쳐 관여한 회사 수가 500여 개에 이르렀다. 회사가 정상 궤도에 오르면 손을 떼는 방식으로 당시 일본 경제계의 틀을 짜고 나아갈 방향을 제시했다고 할 수 있다.

시부사와 에이이치가 관여했던 회사로는, 대형 해운 회사인 니혼유센, 동경 주식 거래소, 동경 전력, 대일본 맥주, 왕자 제지, 동경 해상 보험, 일본 화학, 제국 호텔, 세키스이 건설淸水建設 등이며, 이들 기업들은 오늘날에도 대기업으로서 면면히 이어져 내려오고 있다.

그러니까 우리가 쓰고 있는 은행이란 용어도 시부사와 에이이치가 지었다고 할 수 있는데, 미국의 '내셔널 뱅크'라는 용어를 일본어로 번역할 때 은행으로 명명했던 것이다.

당시에는 금행金行으로 할까, 은행銀行으로 할까 고민했던 것 같은데 화폐 통용 수단으로 은이 더 일반화되어 있던 탓에 은행으로 통칭했던 것 같다. 도쿄의 중심지인 긴자는 에도 시대에 화폐로 이용되던 은을 주조했던 곳이라는 데서 유래된 지명이다.

손자인 시부사와 케이죠가
가업을 계승하다

시부사와 에이이치의 장남인 토구지는 기생들과 놀기를 즐기는 등 방탕한 생활을 하였던 관계로 아버지로부터 자식이 아니라며 폐적 처분(1913년)을 받게 된다. 그러나 토구지의 아들이자 에이이치의 장손자인 케이죠(1896~1963년)는 어려서부터 영특하여 곤충 등 생물 채집을 좋아했으며 동물 학자가 되고자 농학계로 진학하려고 했다. 그러나 할아버지 에이이치의 간청으로 동경 제국 대학 법학과에 진학하여 경제학부를 졸업한 후, 할아버지가 세운 제일 은행 부은행장 등을 거쳐 중앙 은행인 일본 은행의 부총재와 16대 총재(1944년)에까지 오른다.

일본이 제2차 세계 대전에서 패망하자, 맥아더 사령부(GHQ) 주도의 군정 당시에는 손자 케이죠가 대장성 대신에 취임해 반 년 동안의 재임 기간 중 전후 인플레이션 처리와 재벌 해체를 담당하였다. 당시에는 할

아버지 에이이치가 일구어 놓은 기업들의 운영에도 간여하고 있었는데도 눈앞의 이해 관계에 연연하지 않고 사심 없이 일을 처리한 것으로 평가받고 있다.

시부사와 가문이 GHQ의 재벌 해체의 대상으로 지정되어 케이죠는 공직에서 추방(1946년)되고, 재산세가 중과되어 한때 가족들이 생활하기 힘들 정도로 어려움을 겪기도 한다. 케이죠는 관직 은퇴 후, 경제인으로서 생활하면서도 관심 분야였던 민속학과 생물학을 연구하였고, 일본 민속학 협회 및 일본 인류 학회의 회장을 역임하는 등 많은 민속 학자들의 연구 조사 비용 등 재정적인 도움도 주었다. 당시 수집한 동식물의 표본·화석·향토 완구 등 민속 자료 등은 현재의 국립 민속학 박물관의 모체가 되었다.

시부사와 에이이치와 손자 케이죠에 이어 지금은 5대 손인 켄씨가 시부사와 기념 재단 이사와 일본 경제 동우회 간사를 맡으며 존경받는 명문 가문으로 자리매김하고 있다. 에이이치는 당시로서는 드물게 91세까지 장수하였는데, 생전에 명망 있는 실업가로서 사회 사업에 많은 공헌을 하였으며 활발한 활동을 전개했다. 69세 때(1909년)는 도미 실업 단장으로서 미국을 방문하여 27대 대통령 태프트(William Howard Taft, 1857~1930, 우리 역사에는 카츠라-태프트 밀약의 주인공으로 등장하는데 당시에는 육군 장관이었다)와 회견하는 등 민간 경제 외교를 전개하여 양국 간 무역 마찰 해소 및 상공 회의소 간 연락 체계를 구축하는 등 정부 교섭뿐만 아니라 일찍이 민간 차원의 경제 외교의 중요성을 간파하고 있었다.

제1차 세계 대전(1914년) 이후 미국에서 일본 이민 배척 운동 등 미일 관계가 악화 조짐을 보이자 87세 때(1927년), 일본 국제 아동 친선 협회를 설립하고 회장으로서 양국 간의 인형을 교류하는 친선 활동을 전개하여 반일 감정을 누그러뜨리기도 하였다.

일본이 세계에서 강대국으로 인정을 받으려면 산업 경제의 육성뿐만 아니라 외교력도 요구되었는데, 에이이치는 이를 알아차리고 국제 친선 외교 활동을 추진한 것이다. 또한, 메이지 정부 초기에 빈곤층의 구제를 목적으로 설립한 복지 시설인 동경 양육원의 원장을 39세 때부터 맡아 50년을 넘게 어린이를 위한 학교 설립 등에도 힘을 쏟았다.

83세 때는 동경 대지진(1923.9.1)을 맞아 지진 복구를 위해 노력하였고, 90세 노령임에도 불구하고 당시 20만 명에 달하는 빈민 구제를 위한 구호법이 정부의 예산 부족으로 조속히 실행되지 못하자, 대장 대신과 내무 대신에게 직접 전화를 하여 구호법의 조속한 실시를 요청하기도 했다. 이와 같이, 에이이치가 관여했던 사회적 공공 활동이 600여 건 이상에 달했다. 앞서 밝힌 바와 같이, 에이이치는 막부 말기의 동란기에 쇼군의 동생(도쿠가와 아키다케)을 수행하여 프랑스로 건너가 2년여 동안 서양의 근대적인 각종 문물을 체득하였다. 그 중에서도 은행 및 주식 회사 제도에 관심을 가졌는데 그의 사상이 "개인의 이익 추구가 결과적으로는 국가 공공의 이익으로 연결된다."(영국의 경제학자 아담 스미스의 시장 중시 사상과 같은)는 점을 확인할 수 있다.

중국 중앙 TV가 지적한 바와 같이, 당시 근대화를 지향하는 일본으로서는 시부사와 에이치라는 혜안을 가진 경제 관료이자 실업가를 통해 목표를 확실히 설정하고 발빠르게 실행하게 된 것은 큰 행운이었다.

한 손에는 『논어』를, 다른 한 손에는 '주판' 을 들고 노블리스 오블리제를 실천하다.

　시부사와 에이이치는 "도덕과 경제 활동은 불가분의 관계다."라는 인식이 강했는데, 그는 늘 부도덕하게 얻은 경제적인 부는 뜬구름과 같다고 강조했다. 또한, 도덕에 기초한 개인의 이익 추구가 나라와 공공의 이익을 가져온다는 기본 입장을 취했으며, 이익을 얻으면 장기적으로 사회에 환원해야 한다는 확고한 윤리관과 도덕관을 가지고 있었다.

　이런 사상은 시부사와가 어려서부터는 늘 가까이 했던 『논어』의 가르침에 기반하고 있는데, 고객·종업원·주주·지역 사회라는 4개의 기반 위에서 기업이 설립된다는 의미로도 해석할 수 있을 것이다. 시부사와 에이이치는 지방에서도 다수의 은행 설립을 지도하였고, 자신이 설립했거나 관여한 기업이 일정한 궤도에 오르면 다른 사람에게 맡기고 자신은 새로운 사업 개척에 힘을 쏟았다. 시부사와 에이이치가 탄생시킨 수많은 은행은 훗날에 일본 경제를 지탱하는 산업과 공업의 기초가 되었다. 또한, 시부사와 에이이치가 세운 기업은 니혼 유센日本郵船·동경 해상 화재·왕자 제지·동경 전력 등 500여 개사에 달했는데, 이러한 대형 기업들이 발전에 발전을 거듭하여 오늘날의 일본 경제를 구축한 것이다.

경제 평론가들 사이에는, 만약 시부사와 에이이치가 자신이 설립했던 기업을 통해 독점적 지위를 이용하고 재벌 체제를 구축했더라면 그 규모는 굉장했을 것이라고 추정한다. 제2차 세계 대전 후 맥아더 군정 사령부(GHQ)에 의해 재벌 해체를 당할 때, 시부사와 에이이치의 재산은 미츠이 재벌이나 미츠비시 재벌에 비해 매우 적었다. 이렇게 정도正道를 걸었던 시부사와 에이이치의 기업가 정신이 일본 사회에서 오늘날에도 시부사와 에이이치가 은행의 아버지이자 자본주의의 아버지라고 추앙받는 이유일 것이다.

일본 경제는 과거 10년간의 불황에서 빠져나왔다해도 21세기에 들어선 현재에 정보 및 생산·소비 체계의 급속한 글로벌화와 네트워크화 등이 진행되고 있는 가운데, 최근 들어 세계 최강의 제조업마저 수위를 지킬 수 없지 않느냐는 위기 의식이 높아지고 있다. 이런 때에 일본의 실업계는 근대 자본주의의 씨앗을 뿌렸던 시부사와 에이이치의 위험을 감수하는 모험가적인 창업 정신에 주목해야 한다는 기운이 높아지고 있으며, 고향 사이타마 현은 매년 2월 '시부사와 벤처드림 상'을 시상하는 등 시부사와 에이이치의 기업가 정신을 계승하는 경영자를 표창하고 있다.

고난을 이겨 내고
새로운 희망과 미래를 찾아라

마쓰시타 고노스케(松下幸之助)

마쓰시타 고노스케(松下幸之助, 1894. 11. 27~1989. 4. 27). 일본 가전 업체인 마쓰시타 전기 산업의 창업자

부정을 긍정으로 바꾸는 사고로
'경영의 신'이 되다

마쓰시타 고노스케라는 경영자를 처음으로 알게 된 것은 30여 년 전 대학생 시절 마츠시타 정경숙政經塾을 소개하는 책을 본 이후이다.

중학교 시절, 필자는 읍내 책방을 가끔 찾곤 했는데 그곳에서 흘러나오는 라디오 방송의 음질이 꽤 좋았다. 아름다운 음색과 소리의 현장감이 훌륭했던 음향 기기였음이 지금도 기억에 선명하다. 마쓰시타 전기라는 기업 이미지가 각인된 것은 그 라디오에 부착된 로고가 나쇼날(National)이라는 브랜드였음을 알고 나서부터이다.

일본 가전 업계의 대명사라고 할 수 있는 마쓰시타 전기 산업을 창립했던 '마쓰시타 고노스케'는 20세기 아시아의 기업 CEO들 가운데 '경영의 신' 또는 '경영의 귀재'로 불린다.

마쓰시타 고노스케는 19세기 말에 태어나서 20세기 말에 걸쳐 94세까지 장수했던 경영자로서, '사업을 경영한 사람'이 아니라 '인간을 경영한 사업가'로 널리 알려져 있다. 경영인으로서의 얼음 같은 냉철함을 가진 반면에 사적인 자리에서는 인간적인 면모를 지닌, 일본인들이 가장 존경하는 경영인 중의 한 사람이었던 것이다.

어려서부터 자주 병치레를 하는 등 허약한 체질이었던 그는 자신의 허약함을 자책하기보다는 약하기에 더욱 자신의 관리를 철저히 했던, 그래서 자신이 맡은 일에는 성심 성의를 다해 일했던 사람이다.

고노스케의 인생은 어찌 보면 고난의 연속인 측면이 많았다. 그러나 그는 언제나 삶의 밝은 측면만을 찾아 내어 그것만을 보려고 하였다. 다시 말해 인생 전반에 걸쳐 부정을 긍정으로 바꾸는 힘이 그에게는 있었다.

20대 초반 창업 후 얼마 되지 않아서 일어났던 일이다. 오사카 시내에서 자전거로 부품을 실어 나르던 중 교차로에서 자동차와 부딪쳐 5미터 정도 튕겨나간 적이 있었다. 정신을 차려보니 자신은 노면 전차의 궤도 위에 놓여 있었고 저 멀리서 전차가 다가오고 있었다. 이젠 죽었구나 생각했을 때 급브레이크를 건 전차가 코앞에서 멈추어 섰다. 고노스케는 자신이 사고를 당했다는 불운보다 목숨을 건졌다는 행운을 보고 '나는 행운아다.'라고 생각함으로써 불운조차도 살아가는 힘으로 바꾸어 나갔던 사람이었다.

위기와 실수를 기회로 삼아 성공한 사람들은 수없이 많다. 그러나 고노스케는 그런 사람들 중에서도 특이한 케이스다. 병과 가난으로 쓰러지는 가족들의 죽음을 보면서 자신을 일으켜 세워야 했고, 자신 역시 병약한 몸을 타고났지만 철저한 관리를 통해 자신이 뜻을 세웠던 일들을 차근차근 추진해 나갔다. 때문에 사업에 임해서는 냉혹했으며 적어도 사업이라는 것이 누구를 위한 것인지에 대한 목표가 분명한 기업인이었다. 그의 경영과 인간적인 면에 얽힌 많은 일화들이 이러한 내용을 잘 대변해 주고 있다.

20세기 초 일본은 근대 국가로 발돋움하면서 각 산업에서 전기의 필요성이 대두되던 시기였다. 이 시기의 고노스케는 비록 20대의 젊은 나이였으나 다가올 미래에는 전기가 중요해 질 것이라는 시대의 흐름을 읽어 내고, 이 분야에 손을 대기 시작한다. 이후 전기 소켓을 개량 생산하기에 이르고 이것을 계기로 독립 회사를 세운다. 그후 라디오·TV 등을 생산하며 값싸고 질 좋은 가전 제품을 국민에게 제공한다는 사명으로 일본 사회에서 확고 부동한 기업 브랜드를 구축한다.

고노스케는 1894년 오사카를 중심으로 하는 긴키 지방인 와카야마 현의 부유한 농가에서 태어났다. 8명의 형제 가운데 막내로서 부모의 사랑을 받으면서 자랐으나, 부유했던 할아버지 대의 재산이 부모 대에 이르러 탕진되면서 가세가 갑자기 기울자 초등학교를 중퇴하고 어린 시절부터 생활 전선에 뛰어들지 않으면 안 되었다.

고노스케의 아버지 마사쿠스는 고향 와카야마에 개설된 쌀시장의 투기 거래에 손을 댔으나 거듭해서 손해를 본다. 결국 조부로부터 물려받은 토지를 모두 처분해야 했고, 결국 고노스케가 네 살이 되었을 때는 고향을 떠나 와카야마 시내로 이사해 2년간 신발 장사를 했다. 그러나 이것마저 어렵게 되자 아버지 혼자 오사카에서 사무직에 종사하면서 어렵게 생계를 꾸려가는 상황에 직면하게 된다.

한번 기운 가세는 살아나질 못하고 더욱 기울어 고노스케는 초등학교 4학년인 10세 때, 학업을 중퇴하고 아버지의 소개로 오사카에서 화로를 만드는 가게(미야타 화로 가게, 宮田火鉢店)에서 견습공으로서 사회에 첫발을 내딛게 된다. 가정 형편으로 취업 전선에 뛰어들 수밖에 없었던 어린 고노스케는 밤이면 어머니가 그리워 눈물을 흘렸다고 한다. 막내였던 고노스케는 그때까지도 어머니의 품에 안겨서야 잠이 들었던 어리광쟁이였다. 특히, 객지 생활을 하면서 이부자리에 오줌을 쌌을 때는 어머니의 사랑이 무척이나 그리워 밤새 울었다고 한다.

그러나 취업한 지 3개월 만에 화로 가게가 이사를 가는 바람에 자전거를 판매하는 상점에 다시 취업한다. 당시 자전거는 서민들에게는 손에 넣을 수 없는 고급 물품이었다. 고노스케는 자전거의 나사 등 부품을 가공하거나 조립하면서 열심히 일한 결과, 주인 부부로부터 두터운 신뢰를 얻을 수 있었다.

그 시절 고노스케는 남의 집 고용살이를 하면서 많은 것을 배울 수 있었는데, 나중에 그가 자립해서 기업을 경영할 때 당시의 경험이 적지 않은 도움이 되었다.

한번은 부하 직원인 이와이 켄(현 PHP종합 연구소 고문)이 상도商道에 대해 묻자 '장사의 의의를 알 것, 손님의 마음을 읽을 것, 그리고 상대방보다 더 겸손할 것'을 가르쳐 주었다. 고노스케는 손님이 자기 가게를 들러본 후 돌아갈 때에는 손님의 모습이 보이지 않을 때까지 지켜보았다. 그리고 손님의 모습이 사라지기 직전에 다시 한 번 마음을 담아 정중하게 인사를 했다고 한다.

고노스케는 오사카 시내를 오가기 시작한 노면 전차를 보면서 자전거 사업의 한계를 절감하는 한편, 앞으로는 전기가 점차 각광을 받을 것이라고 생각하고 전기 분야에 강한 흥미를 가지게 된다.

그는 두터운 신뢰를 받고 있던 자전거 상점에서 퇴직하고 16세 때, 오사카 전등 주식 회사(지금의 간사이 전력)에 견습공으로 입사한다. 여기서도 능력과 성실성을 인정받아 입사 3개월 만에 공사 담당자로 승진하는 등 착실히 전기 분야에서 업적을 쌓을 수 있었다.

23세 때, 직접 전등 소켓을 개량하기로 작정하고 7년 동안이나 근무했던 오사카 전등 주식 회사를 퇴직하기로 결심한다. 퇴직한 직후에는 전등 소켓 개량에 전념하지만 마음먹은 대로 잘 만들어지지 않은데다 그 동안 모아둔 퇴직금과 적립금 등 사업 자금 마저 바닥나 어려움에 직면한다.

하지만 운명적으로 고노스케에게 기회가 찾아오는 일이 발생한다. 어느 날, 고노스케가 해질 녘에 오사카 시내를 걷고 있다가, 두 자매가 집에서 말다툼을 하는 것을 목격한다. 동생은 어두워졌다며 전등을 켜고 싶다고 하고 언니는 하던 다리미질을 마저 끝내려고 하였다. 자매의 말다툼하는 광경을 넋놓고 바라보던 고노스케는 '두 사람이 동시에 쓸 수 있는 전기 플러그를 만들 수는 없을까?' 하고 생각한 끝에 개발한 것 바로 이 2등용二燈用 삽입 플러그였다.(당시 일본 가정에서는 대부분 전등 하나만을 계약했기 때문에 가전 제품을 사용할 경우 동시에 전등을 사용할 수 없었다.)

이렇게 삽입 플러그를 발매하기 시작하고, 당시 유행하기 시작한 선풍기 부품에 대한 주문이 밀려들면서 사세는 확장 일로를 걷게 되며, 24세 때에는 드디어 마쓰시타 전기 기구 제작소(松下電氣器具製作所, 1929년 松下電器製作所로, 1935년 松下電器産業으로 개명)를 세운다.

그로부터 71년이 지난 후 고노스케가 세상을 떠났을 때, 마쓰시타 전기 그룹은 총 매출액이 4조 엔을 넘었으며 20만 명의 종업원과 전 세계 160개국에 판매 거점을 두고 있었는데, 바로 여기에서 고노스케 신화의 출발점이 시작된 것이다.

자신의 약점을 끊임없이 보완하며, 가전 분야에서 국민 브랜드를 구축하다

전기 소켓의 시판에 성공한 이후 고노스케는 33세(1927년) 때 전열기 분야에 진출하기로 결정하고 슈퍼 다리미를 양산해 경쟁 업체보다 싼 가격에 판매하여 히트시킨다. 그리고 전기 난방기를 발매하는 등 고도 성장기 일본의 가정에서 필수품으로 자리 잡아 가는 가전 기기를 석권하는 기반을 마련한다. 고노스케는 '기업가의 사명은 세상의 빈곤을 극복하는 것이다.'는 소신을 가지고 종업원들에게 소위 '수돗물 철학'을 전파하기 시작한다.

수돗물은 풍부하기 때문에 매우 싼 가격으로 마실 수 있는 것과 같이, 자신이 설립한 기업에서 생산한 제품도 계속 생산하면 수돗물과 같이 값싸게 세상에 내놓아 빈곤을 극복하고 사람들을 행복하게 할 수 있다는 고노스케만의 기업가 정신이었다. 다시 말해, 소비자의 관점에서

'질 좋은 물건을 만들면 잘 팔린다.'는 우직한 경영 스타일로 일관했던 것이다.

마쓰시타 전기의 대표적인 상표가 된 '나쇼날(National)'이란 브랜드에 '국민의, 전국적인'이라는 의미가 들어 있듯이, 마쓰시타는 자신의 회사에서 생산한 제품을 '국민들의 필수품으로' 만들겠다는 염원을 담고 있었다.(현재 마쓰시타의 브랜드는 대부분 '나쇼날'에서 '파나소닉'으로 대체되었는데, 1927년에 '나쇼날' 브랜드를, 1955년부터 '파나소닉' 브랜드를 들고 나왔다).

일본은 1945년 제2차 세계 대전의 패배로 미군이 진주하여 군정을 실시하게 되자, 마쓰시타 전기도 군용 선박과 항공기 등 군수품을 생산하여 전쟁에 협조했다는 이유로 회사의 자산이 동결되고 규제를 받는 재벌로 지정(1946. 12. 7)되는 운명에 처한다.

이에 따라, 고노스케는 개인 자산이 동결되어 친구의 자금을 빌릴 수밖에 없는 등 채무자로 몰리는 상황에 처한다. 그러나 노동 조합원들의 탄원과 갑작스런 한국 전쟁(1950년 6월)의 발발을 계기로 미 군정(GHQ)의 경제 행위 제한 조치가 완화되기 시작하여 경영 재건에 나서게 된다.

당시 미 군정의 지배하에 있던 패전국 일본은 경제 불황으로 어려움에 처한 가운데, 미 군정의 경제 고문인 덧지가 입안한 '덧지 라인'으로 대표되는 긴축 재정 정책을 실시하고 있었고, 이로 인해 서민들의 어려움은 극에 달했다.

그러나 갑작스런 한국 전쟁의 발발로 일본은 전쟁 특수를 누리게 됨에 따라, 경제는 안정을 지나 성장 국면으로 진입하고 사람들의 생활 수준도 향상되었다. 때문에 사람들이 일상 생활 속에서도 오락성을 추구하게 되면서 라디오의 수요가 높아진다. 이에 따라, 마쓰시타 전기는 라디오 생산을 재개하는 등 가전 분야의 생산에 중점을 두게 된다.

한국 전쟁이 끝난 1954년 말부터 일본은 전무 후무한 호경기인 이자나기 경기(神武景氣, 1954년 12월~1957년 6월, 31개월간)와 더불어 국민들의 대량 소비 붐으로 가전 수요가 폭발함에 따라 마쓰시타 전기는 그야말로 급신장한다.

당시에는 세탁기 · 냉장고 · 흑백 TV로 대표되는 '3종의 신기神器'라는 가선 제품이 대유행했는데, 이런 가전 제품을 생산하는 데 마쓰시타 전기가 그 중심에 자리 잡고 있었다. '3종의 신기'도 나중에는 컬러 TV · 자동차 · 에어컨(쿨러)으로 대표되는 '3C'로 변화하게 된다.

처남 이우에 도시오가 설립한 산요 전기가 1953년 일본 최초로 분류식 전기 세탁기를 발매하여 폭발적인 인기를 누리자,(그때 마쓰시타 전기 등 다른 회사는 교반식 전기 세탁기를 판매 중이었다.) 이를 따라잡기 위해 '일상에서 힌트를 살리자'는 표어 아래 '좋은 생각 제안 운동'을 전사적으로 펼쳤는데, 이것이 훗날의 일본식 경영의 강점이라고 일컫는 '가이젠改善 운동'으로까지 발전하게 된다.

이러한 호경기 하에서, 고노스케는 62세(1956년) 때, 향후 5년 동안에 매출액을 4배로 늘려 800억 엔을 만들겠다는 소위 '마쓰시타 전기 5개년 계획'이라는 경영 방침을 발표한다. 당시에는 다소 황당하게 들렸으나, 이것도 1년 앞당겨 목표를 달성하는 등 기업의 성장은 가히 괄목할 만한 정도였다.

고노스케는 67세(1961년) 때, 체력의 한계를 이유로 사장직에서 물러나고 회장으로 눌러 앉는데, 사장은 데릴사위인 마사하루가 이어받는다. 기업의 성장과 더불어 고노스케는 세계적인 인물로 알려지고, 다음 해인 1962년에는 2월의 타임지 표지 인물로까지 선정되어 그의 경력과 기업 경영 사상이 소개된다.

그러나 1964년 도쿄 올림픽을 거친 후, 일본 경기는 급속히 하강 국면에 접어든다. 올림픽 이전에 가전 제품이 이미 대부분의 가정에 보급되었던 탓에 마쓰시타 전기도 생산 과잉을 겪게 된 것이다.

일본 전국에 구축했던 판매점과 대리점의 경영이 어려움에 처하게 되자, 고노스케는 '공존 공영'의 기치 아래 스스로 영업 본부장 직무 대행에 취임하여 매일 아침 9시에 영업 본부에 나타나 200명의 영업부 직원들을 직접 지휘·감독하기 시작하면서 판매 시스템을 재정비하는 등 난국을 극복해 나간다.

다행히 1970년 여름에는 오사카 국제 박람회가 개최되었는데, 마쓰시타 관을 설립하여 760만 명이 넘는 방문자를 모아 가장 많은 사람이 방문한 기록을 세운다. 이로써 마쓰시타 전기는 국민적 브랜드로서의 명성을 확고히 굳힌다.

박람회 당시에 가장 인기가 많았던 마쓰시타 관 앞에 내방객들이 장사진을 치자, 고노스케도 내방객들과 함께 줄을 섰다. 긴 행렬의 기다리는 시간을 체크하고 무더운 여름날 줄을 서고 있는 내방객들의 불편함을 개선하기 위한 방안을 찾기 위해서였다. 그 결과 마쓰시타 관을 보기 위해 줄 서 있는 행렬 위에 햇빛을 차단할 수 있는 그늘막을 만들고, 햇빛을 가리는 종이로 만든 모자에 '나쇼날'이란 브랜드를 새겨 넣어 배포한다. 결국 입장객들이 박람회장 내에서 모자를 쓰고 다님으로써 회사를 선전하게 하는 광고 효과를 낳기도 하였다. 소비자인 손님의 입장에 서서 생각하는 그의 자세가 박람회장에서도 진가를 발휘한 순간이었다.

마쓰시타 전기는 1969년 7월 인류 최초의 달 표면 착륙과 같은 지구적인 이벤트를 계기로 TV 수요가 급증하여 업적 개선에 플러스로 작용하였고, 다음에는 비디오 개발을 통해 새로운 판매 시장을 창출한다.

1970년대 가정용 비디오(VTR) 개발에서 당초에는 선발 주자인 소니가 앞세운 '베타 방식'과 일본 빅터의 'VHS 방식'이 치열한 경쟁을 벌였다. 소니 주도의 베타 방식이 화질과 음질 등 성능 면에서는 우수했으나, 소니는 경쟁 업체와 제휴하지 않고 독자 노선을 추구하다가 마쓰시타 주도의 VHS 방식을 지지하는 업계 연합에 밀려 VTR 표준화 경쟁에서 뒤지게 된다.

고노스케는 1977년 VHS 방식(13kg)이 베타 방식(20kg)보다 가벼워 손님들이 구매 후 직접 들고 갈 수 있는 상품이라는 점과 녹화 시간이 길다(미국 수출을 감안할 때 미식 축구 시합이 4시간까지 임을 고려)는 점을 감안하여 VHS 방식의 진영에 가담하겠다고 발표함으로써 오늘날 비디오의 대명사는 VHS 방식으로 통하게 되었다. 그 후, 마쓰시타 전기는 가정용 비디오(상품명 : 맥크로드)를 발매하여 대히트를 친다.

90년대의 '현행 DVD'의 규격 사용에서도 소니는 필립스와 손잡고 독자 규격을 내세웠다. 그러나 이것도 컨텐츠가 풍부한 미국 영화사를 자기편으로 끌어들인 마쓰시타와 도시바의 연합 세력에 굴복했다. 2008년 2월에 승부가 난 '차세대 DVD'의 표준화 경쟁에서도 마쓰시타와 소니·삼성 전자 등 8개 기업군이 주도한 '블루레이 디스크(BD) 방식'이 미국 할리우드 영화사를 자기편으로 끌어들임으로써 도시바와 NEC 연합의 'HD 방식'을 제압한 바 있다.

최태원 SK그룹 회장은 "지금 SK 텔레콤은 이대로 가면 소니의 베타 방식의 실패를 답습할 가능성이 있다."고 하면서 "한국이 CDMA를 세계 최초로 상용화한 나라지만, 전 세계가 유럽식 디지털 이동 통신망인 GSM 방식으로 갈 때 CDMA만 고집하다가는 결과적으로 글로벌 시장에서 한계에 부딪히게 되는 것이 아니냐."고 지적(중앙 일보 2008.2.1)한 바 있다.

기업들 간에 신제품을 둘러싼 표준화 경쟁은 명운을 좌우하는 사안이므로 최고 경영자(CEO)의 경영 전략에 대한 고독한 결정이 얼마나 중요한 지를 고노스케로부터 배울 수 있다.

고노스케의 집안에는 여덟 명의 형제가 있었으나 두 명의 형과 다섯 명의 누나는 오래 살지 못했다. 고노스케가 초등학교에 들어가기 전에 둘째 형인 하치로우(17세)가, 다음 해에는 둘째 누나 후사에(20세)가 죽었고, 집안의 기둥 역할을 했던 첫째 형 이사브로(34세)마저 병으로 잃었다.

고노스케는 어릴 적부터 병약한 체질로 항상 감기를 달고 다녔고, 초등학교 2학년 때는 1년 동안 휴학을 하기도 했다. 오사카 전등 주식회사에 입사한 후에는 과로로 폐결핵의 초기 증상을 겪기도 하는 등 잔병을 달고 다녔음에도 불구하고 94세까지 장수한 특이한 케이스였다.

물론 자신은 평생 건강에 신경을 쓰면서 회사를 경영했고, 19세기에 태어나 21세기까지 살겠다는 집념을 불태운 사람이기도 했다.

　고노스케는 자신의 이러한 허약한 체질 때문에 급팽창하고 있는 회사 조직을 나누어 독립해서 경영하면 자신의 체력을 조절할 수 있다는 생각을 갖게 된다. 그리고 자신의 체력이 강하지 못해 다른 사람에게 일을 위임하는 것이 필요해짐에 따라 일찍부터 인재 양성의 중요성을 깨닫게 된다.

　고노스케가 회장(1961년 67세 때 취임) 재임 시절인 1965년 71세 때 고희가 지난 뒤, 직원과의 대화에서 한 직원이 이렇게 물었다.

"회장님은 어떻게 해서 (전 세계 500개가 넘는 기업에 10만 명 이상의 종업원을 가진 대기업으로 키운) 엄청난 성공을 거두셨습니까?"

이에 대해 고노스케는 다음과 같이 대답했다.

"나는 하늘로부터 가난한 것, 허약한 것, 못 배운 것 이 세 가지 큰 은혜를 입고 태어났다네. 가난 속에서 나는 부지런히 일하지 않고서는 잘 살 수 없다는 진리를 터득했고, 허약하게 태어난 덕에 일찍부터 몸을 아끼며 건강에 힘썼고, 초등학교도 졸업하지 못했기 때문에 늘 이 세상 모든 사람을 스승으로 모시고 배우는 데 주저하지 않았지."

　　　　　　　　　　　　－ 『인간 관계론』 마쓰시타 고노스케 지음 중에서 －

　부족하다고 생각했기 때문에 노력했던 그의 삶이 고스란히 드러난 대답이었다.

4년제 초등학교 중퇴와 9년 후 1년간의 간사이 상공학교 밖에 다닌 적이 없었던 고노스케였으나, 나중에 와세다, 게이오, 도시샤 등 명문 대학으로부터 명예 박사 학위를 수여받게 된다.

　고노스케는 21세 때 이우에 무메노와 결혼하는데, 부인 무메노는 고노스케의 사업을 옆에서 도우면서 살림을 잘 꾸려 나갔다. 오사카 상인들 사이에는 "안사람을 보면 그 사람을 안다."는 격언이 있는데, 부인이 야무지지 못한 상인은 사람들로부터 신용을 얻지 못했다. 부인 무메노는 남편이 집안일에 신경 쓰지 않고 바깥 일에만 집중할 수 있도록 헌신적으로 도왔다.(무메노는 주산에 능하고 글씨도 잘 썼으며 공장의 전표 작성과 사원들의 급여 계산·결산 등 무슨 일이든지 야무지게 해 냈다.)

　자녀는 많이 두지 못했다. 장녀(사치코)가 태어나고 그로부터 5년 후에 후계자가 될 장남(코이치)이 출생하였으나 8개월 후 갑자기 병으로 죽는 불운을 맞게 된다. 유달리 귀여워했던 장남의 죽음은 "내가 무슨 나쁜 짓을 했단 말인가. 데려가려면 나를 데려갈 것이지." 라며 하늘을 향해 통곡할 정도로 고노스케 부부에게 상당히 큰 충격이었다.

　그 후 가업은 주로 친척이 많았던 처가 식구들과 딸(사치코)의 결혼을 통해 얻은 데릴사위를 통해 이어졌다. 큰 처남인 이우에 도시오(1902~1969)는 고노스케의 오른팔이 되어 창업 때부터 마쓰시타 전기의 버팀목이 되어 주었으며, 제2차 세계 대전 후에는 독립하여 산요 전기(1947년)를 설립했다.

　최근에 마쓰시타 전기 그룹인 파나소닉이 경영난으로 어려움에 처한 산요 전기를 자회사로 두는 것을 전제로 M&A를 협의(2008. 11. 7 발표)하게 된 것도 마쓰시타 전기 그룹이 장래 녹색 산업의 핵심인 산요 전기의 태양 전지 분야에 진출하겠다는 포석도 있으나, 이러한 친척 관계가 작용했다고도 할 수 있다.

고노스케가 67세(1961년) 때 사장직을 물러난 후, 데릴사위 마사하루가 사장직을 1977년까지 수임하게 된다. 고노스케는 평소 마사하루에 대해 가혹하리만큼 혹독하게 후계자 수업을 시켰으며 일선에서 물러났음에도 후견인 역할을 지속했다.

선구적인 경영 방식을 도입하여
일본 기업의 모델로 자리 잡다

고노스케가 29세 때 자전거 핸들 밑에 부착한 램프를 개발한 적이 있는데, 자전거 소매상들이 이를 구입하여 소비자에게 팔려고 하지를 않았다. 당시에는 자전거용 램프로서 촛불을 사용하고 있었는데 강풍이나 비가 올 때는 꺼지기 쉬웠으며 전지를 사용한다고 해도 2~3시간밖에 지속하지 못했다. 그러나 마쓰시타 전기가 생산한 '포탄형 전지식 자전거 램프'는 40~50시간이나 사용할 수 있는 효율 좋은 제품이었다. 그럼에도 판매 부진으로 재고가 쌓여갔다.

고노스케는 생각을 거듭한 끝에 자사 생산 제품을 무료로 소매상들에게 배부하여 사용하게 했다. 소비자들이 사용해 보면서 점차 입소문이 퍼지자 재고가 소진되고 물량을 대지 못할 만큼 주문이 밀려드는 히트 상품이 되었다. 이렇게 시제품을 판매처에 뿌려서 세일즈를 확대해 나가는 전략은 마쓰시타 전기가 처음이었다.

1929년 미국 발 대공황의 여파로 일본 경제도 어려움에 봉착했다. 마쓰시타 전기도 재고가 쌓이고 어떤 식으로든 구조 조정을 통해 경영을 재건하지 않으면 안 되는 상황이었다.

이때, 종업원의 감원을 통해 경영을 극복하자는 안이 대두되었으나 고노스케는 해고라는 극약 처방을 쓰지 않았다. 대신 노동 시간을 줄이면서 모두가 고통을 분담(Work Sharing)하되 판촉 활동을 강화하는 방식을 채택한다.

다시 말해, 사용주는 종업원의 고용을 보장하고 종업원은 회사에 충성심(또는 애사심)으로 봉사하면서 불황을 극복하였는데, 이것이 일본 기업이 채용하고 있는 종신 고용제의 전형이라고 말할 수 있다.

1992년 말부터 시작된 10년간의 장기 불황 당시, 일본 기업들은 다시 한 번 미국식의 감원이냐 일본식의 종신 고용을 유지하느냐는 선택의 고민에 직면하게 된다.

그 당시에도 대부분의 일본 기업들은 종신 고용제의 근간을 유지하였는데 장기 불황의 터널을 빠져 나온 후 당시를 회고하면서 오쿠다 히로시 당시 게이단렌 회장은 "일본 기업들이 종신 고용제를 유지한 것이 옳았다."고 술회한 적이 있다. 이렇게 고노스케가 도입한 종신 고용제의 전통은 일본 경제가 어려울 때마다 큰 힘을 발휘했다.

2008년 말부터 미국 발 금융 위기로 경제 위기에 봉착하고 있는 미국에서조차 전통적인 구조 조정 방법인 감원 대신 임금 삭감을 통한 일자리 나누기(Job Sharing)나 근로 시간 단축을 통해 일감을 나눔으로써 고용을 유지 · 창출(Work Sharing)하고 있다.

물론 일본도 10년 이상 지속되어온 불황을 극복하는 과정에서 비정규직 및 파견 근로자가 늘어나는 고용 격차 문제가 사회적 현안으로 대두되고 있음은 사실이다.

또한, 미국 발 금융 위기의 본격화로 마쓰시타 전기 산업의 후신인 파나소닉도 어쩔 수 없이 2010년까지 국내외 전체 직원의 5%인 1만 5천 명을 감원하고 2009년 2월부터 임원(50명) 보수의 10~20% 반납 및 약 1만 명의 관리직 보수의 5% 삭감 등으로 어려움을 돌파해 나가지 않으면 안 되는 위기를 맞고 있다.(아사히 신문 2009. 2. 5)

고노스케가 일본 최초로 개발한 또 하나의 새로운 경영 방식은 그의 나이 39세 때에 시행한 사업부제事業部制를 들 수 있다. 이는 독립 채산과 자주 책임을 근간으로 하는 경영 체제라고 말할 수 있다. 사업부제는 장기간에 걸쳐 마츠시카 전기가 성장할 수 있는 원동력이 되었는데, 비대해진 생산 공장을 여러 개의 사업부로 나누어 연구 개발에서부터 판매 · 선전 · 영업 등을 독자적으로 전개하도록 하여 독립 채산제를 실시하는 것이었다.

당시 마쓰시타 전기는 성장을 거듭하여 제조 상품이 다양화되고 사원도 증가하여 고노스케 자신이 회사 전체를 통제하는 것이 어려워지게 되자 이런 경영 시스템을 도입한 것이었다. 물론 자신이 병약하여 그룹 전체를 관장하기보다 신뢰할 만한 직원에게 경영의 실무를 위임한다는 그의 경영 철학도 숨어 있었다.

사업부제에서는 각 사업부의 성과가 명확해지고 책임 소재를 가리기

쉬워 종업원들의 책임감이 높아지는 이점이 있었으며, 이런 경영 제도는 다른 일본 기업들에게도 다수 도입되었다.

그러나 마쓰시타 전기의 사업부제도 장기간 세월이 지남에 따라 책임자들이 매너리즘에 빠지고 종업원들도 경영 혁신에 둔감해 지면서, 1992년 3월 결산에서는 4,000억 엔 이상의 거액 적자와 2만 명에 달하는 감원이라는 위기적 상황에 봉착하게 된다.

이런 위기에 정면으로 대응하여 V자형 경영 실적의 회복을 달성한 경영자가 나카무라 사장이었다. 그때까지 바이블로 여겨졌던 사업부제에 매스를 들이대는 '파괴와 창조'라는 경영 개혁의 기치를 내걸고 강도 높은 구조 개혁에 착수하게 된다. 2006년 6월 퇴임한 나카무라 사장에 이어 오오츠보 사장은 현재 창업자인 고노스케가 90년 전에 지은 회사 이름인 '마쓰시타 전기 산업'으로부터 '파나소닉(Panasonic)'으로 회사 이름을 변경(2008. 10. 1)하는 등 성장 위주의 경영 전략을 전개하고 있다.

71세 때 실시한 '주 5일제 근무'도 당시에는 기업 경영의 상식을 깨는 획기적인 발상이었다. 고노스케는 1960년 1월 간부 사원을 대상으로 한 경영 방침 발표회 석상에서 5년 후에 이 제도를 도입하겠다고 언급하면서, 국제 경쟁에 승리하기 위해서는 한 명 한 명이 업무의 능률을 올리지 않으면 안 되는데 미국과 같이 '주 5일 근무제' 도입이 필요하다고 강조한다.

지금은 당연한 경영 상식으로 통하는 '시제품 제공을 통한 판매 확대

전략', '독립 채산제를 골격으로 하는 사업부제', '주 5일 근무제', '종신 고용제' 등은 일본식 경영을 넘어 세계의 많은 기업에서도 생산성 향상과 품질 제고를 위해서 도입하고 있는 경영 전략으로서 주목받고 있다.

제2차 세계 대전 후 미군정 하에서 노동 조합 결성이 붐을 이루던 시절, 고노스케가 절대 용납하지 않았던 노동 조합이 그의 회사에서도 결성되게 되었다. 대부분의 사업주들이 노동 조합 회의에 참석한다는 것은 생각도 못하고, 설사 참석했다고 해도 조합원들로부터 질시와 온갖 욕을 먹고 쫓겨나기 일쑤였던 시절에 고노스케만은 도리어 박수를 받고 회의에서 짧은 연설까지 했다.

심지어 노동 조합은 고노스케의 92세 생일(1986년 11월)을 맞아 그의 장수를 기원하고 노조 결성 40주년을 축하한다며 동상(3.5미터, 70세 모습)을 증정한다.

"맛을 봐야 소금의 짠 맛을 아는 법이다. 땀을 흘리고 땀 속에서 지혜를 찾아라."고 하면서 대졸 신입 사원들을 교육하기도 했던 그였다. "물건을 만들기 전에 인간을 만든다."고 하는 경영 철학과 사원들을 기계적인 피고용인이 아닌 나의 사람으로, 그리고 회사는 그들의 인격 형성의 장으로 만들어 냈던 것이다. 이 대목에서 그의 인간 경영 능력의 정수를 엿볼 수 있다.

고노스케는 돈을 버는 사업을 경영한 것이 아니라, 바로 인간을 경영한 것이다. 그의 이런 경영 철학은 비록 정치에 대한 뜻을 펼치지는 못했지만 국가에 대한 그의 관점에서도 드러난다.

고노스케는 자주 세금 없는 국가를 만들어야 한다고 했다. 국가 경영도 국민으로부터 세금을 받는 것이 아니라, 기업 경영처럼 이익을 창출하여 국민에게 그 이익을 돌려 주어야 한다는 구상이다.

비록 짧은 학력의 소유자였지만 다양한 경험에서 우러나오는 그의 깊은 사고와 배려는 배운 자들의 지식을 비웃는 수준이다. "나라의 살림살이도 기업 경영처럼…"그가 21세기까지 살아 있었다면 가능하지 않았을까 싶다.

고노스케는 사장 시절부터 많은 저서를 출판하는 등 사회 현실에 적극 개입하려는 경영자였으며 사회를 보다 바람직한 방향으로 이끌려고 노력했다.

1차 석유 쇼크(1973년)와 록히드 뇌물 사건(1975년)으로 빚어진 금권 정치에 대한 불신과 경제 불황으로 실업자가 양산되는 안타까운 현실을 지켜보면서 경제계 중심의 신당을 결성하여 정치 개혁을 도모하려는 의욕을 보였으나, 지인들의 만류와 건강 악화로 뜻을 접는다.

대신에 고노스케는 인재 양성을 통해 국가와 사회에 봉사하겠다는 의지로 방향을 트는데, 그 결과물이 1979년 6월에 설립한 '마쓰시타 정경숙(www.mskj.or.jp)'이다. 당시 사재 70억 엔을 출연하여 '일본의 장래를 짊어질 인재를 양성한다'는 이상으로 세워졌다. 2009년이면 창립 30주년을 맞이한다.

오늘날 많은 마쓰시타 정경숙 출신이 일본의 정계와 경제계를 비롯한 각계에서 활동하며 두각을 나타내고 있다. 언론에서는 총선 때가 되면 정경숙 출신이 몇 명이나 출마했고 당선되었는지를 이슈로 삼을 정도이다.

마에하라 전 민주당 당수, 자민당 아베 내각 당시 저출산 담당상을 역임한 다카이치 사나에 중의원, 나카다 히로시 요코하마 시장, 마츠자와 시게후미 가나가와 현 지사, 무라이 요시히로 미야기 현 지사 등이 대표적인 인물이다.

요코하마에서 멀지 않는 후지사와 시에 위치한 정경숙은 1980년부터 입학생을 받은 이래 230명(2008년 4월 현재)을 배출하였는데, 이 가운데 100명이 정치계(정치가 69, 정책 스탭 3, 정치 활동 중 28), 67명이 경제계 임원, 26명이 싱크 탱크 및 학계 등 연구 분야, 10명이 매스컴, 27명이 기타 분야에 진출해 있다.

아시아의 정치와 경제를 주도하는 리더의 양성을 목적으로 교실·교재·지도 교수가 없는 3무無 교육과 현장 교육 및 다도·검도·24시간 내 100km 행군 등 일본식 전통 교육을 중시한다.

최근에는 150년 전 일본의 근대화를 추진했던 메이지 유신과 개혁을 주도했던 하급 사무라이 계급 중심의 엘리트 그룹의 사상과 행동 철학에 대한 교육에 보다 중점을 두고 있다. 이는 평소 메이지 유신을 주도했던 인물들을 존경했던 고노스케의 뜻을 받드는 것이기도 하다.

"메이지 유신은 말이야, 그걸 행한 사람 중에 다이묘(에도막부 봉건 시대의 각 지방의 통치자)는 한 사람도 없었어. 모두가 하급 사무라이였고 젊은 이들뿐이었지. 잃을 것이 없는 젊은이들이었기 때문에 목숨을 걸고 그런 큰일을 치를 수 있었던 거야."

고노스케는 정경숙의 학생들 중에서 메이지 유신을 성공시켰던 지사와 같은 사람이 나오기를 기대하고 있었다. 설립자 고노스케가 교장을 맡고 있던 1980년대 초에는 한 달에 한 번씩 정경숙을 방문할 때마다 처음으로 묻는 말이 있었다.

"학생들은 청소를 잘하고 있는가?"

고노스케는 "자기 주변을 정리하지 못한 자가 어찌 한 나라를 정리하겠느냐."고 강조했다고 한다. 고노스케는 마쓰시타 전기 제작소를 본격적으로 운영하기 시작했던 1930년경부터 정신 수양의 일환으로 화장실 청소를 매우 중요하게 생각하고 있었고 직원들에게도 귀에 못이 박히도록 이야기했다.

최근 LG전자 CEO 남용 부회장도 '책상의 정리 정돈'을 강조하며 일주일에 2~3차례 본사 사무실 등을 돌아보면서 주변의 환경 정리 상태를 체크하고 있다고 한다. 고노스케의 청소 철학과 일맥 상통하는 부분이다.

고노스케는 지금까지 통용되어 온 일본형 정치 경제 시스템이 붕괴되고 밀려오는 국제화의 높은 파도 속에서 새로운 국가 비전이 필요하다고 느끼면서 정경숙을 통해 일본의 미래를 맡길 청년의 양성에 힘을 쏟아야 한다는 것을 인식한 미래 지향적인 경영인이기도 했다.

1934년 9월 초대형 태풍 무로토가 오사카를 강타한 일이 벌어졌다. 신축한 지 얼마 안 된 마쓰시타 전기의 공장들도 처참하게 피해를 입었다. 공장의 현장으로 급히 찾아간 고노스케를 당시 공장장이었던 고토가 맞아 주었다. 고노스케는 고토의 안내로 현장의 피해 상황을 둘러보면서 커다란 충격을 받았다. 이때 시찰을 마친 고노스케는 고토가 평생 잊을 수 없는 말을 했다.

"고토, 넘어졌으면 일어나야지."

공장이 무너진 것은 이미 지나 버린 일이었다.

'쓰러졌으면 일어나야지.'

고노스케가 생각해 낸 방식은 평소와 다름없이 먼 길로 돌아가지 않고 최단 거리를 달려서 결론에 도달했다.

'저렇게 가냘픈 사람이, 배짱 한번 두둑하구나.'

순간, 고토의 눈에는 고노스케가 거인처럼 보였다고 한다.

- 『마쓰시타 고노스케와 함께 하는 여행』 중에서 -

피해를 입은 공장의 관리 소홀에 대해 공장장에게 책임을 추궁하는 것이 아니다. 그렇다고 심각한 피해 상황을 보고 절망하지도 않는다. 다시 냉정함을 찾아 고토에게 한 말 한 마디, "넘어졌으면 일어나야지." 거기서 나오는 것은 그의 힘이다. 고난을 통해 사람을 일으키고 사업을 이끌어가는 경영자의 위대함을 보여 주는 장면이다.

일본 한 언론은 고노스케의 이러한 강인함을 또 다른 사례를 들어 설명하고 있다.

어떤 마을이 수해로 모든 것을 유실했으나 옆 마을은 아무런 피해도 입지를 않았다. 10년 후 피해를 입었던 마을은 예외 없이 모두 발전하고 있었다. 화재로 불타버린 마을의 경우도 마찬가지 형태로 발전하고 있었다. 그러나 재해를 입지 않았던 마을은 발전하지 않은 경우가 많았는데, (다행히 수해를 피했다는) 혜택을 입었다고 생각했던 것이 사실은 혜택을 입지 않은 꼴이 된 것이다.

– 일본 경제 신문, 2006. 1. 4 –

재해를 입은 마을 주민 모두는 처음에는 큰일 났다고 낙담하나 정신을 차리고 난 후에는 '지금 일어서지 않으면 안 된다.'는 절체 절명의 각오를 다지게 되는데, 이것이 발전의 원동력으로 작용했다는 의미일 것이다.

고노스케는 난국에 직면해서도 좌절하지 않고 오히려 비약의 전기로 삼았다. 그렇기 때문에 "호황이 좋다. 하지만 불황은 더 좋다."는 고노스케의 어록이 회자되고 있지 않은가 생각한다.

불황은 장마철의 폭풍우에 직면하는 것과 같다. 경영자에게 불황이라는 폭풍우를 이겨 내겠다는 용맹성과 강인함이 없다면 그 회사는 망한다는 게 고노스케의 지론이었다.

마쓰시타 고노스케 전설의 백미, 아타미 회의熱海會議

1964년 도쿄 올림픽을 기점으로 일본 경기가 급속히 냉각되자 가전 회사로 명성을 쌓은 마쓰시타 전기 산업은 흑백 TV·냉장고 등의 재고가 쌓이면서 수익이 악화되기 시작하여 창사 이래 최대의 위기를 맞는다.

이에 따라 판매점과 대리점에서는 불만이 높아져 가기 시작했고, 일선에서 물러나 있던 고노스케(당시 69세, 회장)는 1964년 7월 스즈오카 현의 온천 도시인 아타미 시(도쿄 인근 소재)의 뉴 후지야 호텔에서 '전국 판매 회사 및 대리점 사장단 간담회'(7월 9일~11일)를 개최하기에 이른다.

3일 동안 판매점과 대리점 간부들의 불만을 다 들은 고노스케는 고개를 숙이고 울먹이는 목소리로 "마쓰시타 전기 산업이 잘못했

228

다.”고 사죄한다. 바로 직전까지 고함과 욕설만이 난무하던 회의장의 분위기가 일순간 고요해지면서 곳곳에서 낮게 흐느끼는 소리가 들려오기 시작했다. 고노스케는 참석자들로부터 협력과 단결을 이끌어 낸 것이다.

회의를 마친 후 고노스케는 참석자 전원에게 미리 붓글씨로 써두었던 ‘공존 공영’이란 종이를 나누어 주었다.

‘아타미 회의’는 판매 대리점들의 불만을 잠재우고 이를 해소했다는 점에서 마쓰시타 그룹의 전설로 남게 된다. 이 모임 직후인 8월에 영업 본부장 대리로 복귀한 고노스케는 회사와의 직거래 등 판매망을 재정비함으로써 회사를 부활시킨다.

무엇이든 최초가 되려면
자신과의 고독한 싸움에서 승리하라

유카와 히데키(湯川秀樹)

유카와 히데키(湯川秀樹, 1907. 1. 23~1981. 9. 8), 일본 최초의 노벨 물리학상 수상자

물리학의 불모지를 과학 강국으로
끌어올린 일본의 자존심

2008년 일본에서 노벨 물리학상 수상자가 3명이나 나왔다. 미국 시카고 대학 페르미 연구소의 난부 요이치로 명예 교수, 일본 고에너지 가속기 연구 기구의 고바야시 마코토 명예 교수, 교토 대학 유카와 이론 물리 연구소의 마스카와 도시히데 명예 교수 등 3명이 그들이다.

난부 교수는 소립자 물리학에서 자발적으로 일어나는 '대칭성 깨짐'을 수학적으로 정리한 업적으로, 고바야시 교수와 마스카와 교수는 우주에 존재하는 물질과 반물질의 비대칭적 성질을 발견한 공로를 인정받았다.

이들은 모두 소립자 물리학을 발전시킨 것으로 유명한 유카와 히데키(1907~1981)와 그의 친구였던 토모나가 신이치로(1906~1979)의 후예들이라고 해도 과언이 아니다.

아사히 신문(2008. 10. 8)은 이들 3명의 노벨상 수상에 대해 '유카와 씨 유산의 결정結晶'이란 기사로 제목을 달아 유카와의 뒤를 이은 쾌거라고 적고 있다.

2008년 말 현재, 일본인의 과학 분야에서의 노벨상 수상자는 1949년 유카와가 수상한 이래 총 13명이나 배출되었다.(미국 국적의 난부 요이치로를 일본인으로 집계, 평화상 1명과 문학상 2명을 합치면 수상자는 총 16명) 2000년 이후 3년 연속으로 4명의 수상자(화학상 3, 물리학상 1)가 배출되었으나, 2003년부터는 수상자가 없다가 2008년에 들어와서 물리학상에서 3명, 화학상에서 1명이 대량 배출되었다.

그렇다면 일본인 최초로 1949년에 노벨 물리학상을 수상한 유카와 히데키는 일본인들의 가슴에 무엇을 남겨 주었을까? 어느 분야에서건 '최초'가 되는 것은 쉽지 않다. '최초'라는 수식어를 갖기 위해서는 창의력, 논리력, 인내력 모두가 필요하다. 그러나 여기서 간과해서는 안 되는 것이 그보다 선행하는 노력과 자신과의 싸움에서 이기지 못하면 얻을 수 없다는 것이다.

유카와 히데키가 노벨 물리학상을 수상할 당시의 일본 사회는 패전 후 얼마 되지 않은 암울했던 시기였다. 때문에 노벨상 수상 소식은 국민들에게 어려움을 극복할 수 있다는 큰 용기를 주었으며, 앞으로 일본이 과학 기술 개발에 매진해야 한다는 국가 정책 방향을 설정하는 데도 적지 않은 영향을 끼쳤다. 최초의 노벨 물리학상 수상자 유카와 히데키는 자신과의 고독한 싸움에서 이김으로써 모든 일본인의 가슴에 희망과 용기를 준 것이다.

당시 히데키는 최첨단의 연구 영역이라고 불리는 양자역학量子力學에 관심을 가지고 일본 국내에서 독학으로 연구를 거듭하여 당시 세계 물리학계에서 수수께끼로 불리고 있던 원자핵의 힘核力을 '중간자'라는 소립자의 존재를 통해서 이론적으로 규명했다.

학자 집안에서 태어나
어려서부터 물리학을 좋아하다

유카와 히데키는 와카야마 현 출신의 아버지 오가와 타쿠지와 어머니 코유키 사이에서 3남으로 1907년(명치 40년) 도쿄에서 태어났다. 아버지 오가와는 당시 농상무성의 지질 조사소 직원으로 도쿄에서 근무하고 있었는데 히데키가 출생한 지 수개월 후 교토 대학 문과 대학의 지리학 교수로 부임함에 따라 가족이 모두 교토로 이주한다.

히데키의 아버지 가계인 오가와 가문은 대대로 학자 집안이었다. 아버지는 물론 형제들도 모두 동경 대학이나 교토 대학을 졸업한 후 학계에 종사했다.

학자였던 아버지 오가와 타쿠지는 다양한 취미를 가지고 있던 관계로 집안에 다방면의 서적을 구비해 놓고 있었던 데다 어머니도 자식들을 위해 매월 발간되는 잡지를 구독하고 문학 작품 등을 두루 갖추어 놓았다. 이런 분위기 속에서 히데키는 어려서부터 책과 친하게 지낼 수 있는 환경에서 자랐다.

그리고 5~6세 때부터는 저녁을 먹은 후 할아버지로부터 매일 30분 정도 사서 오경 등 한학을 배웠다. 이때 배웠던 '있는 그대로의 자연을 근본으로 생각하는' 장자莊子의 사상은 나중에 히데키 자신에게 교양과 사상적 기반 형성은 물론 물리학을 연구하면서 중간자 이론을 세우는 데 큰 도움이 된다.

12세(1919년) 때 교토 부립 제1중학교京都府立 一中에 입학 후 4년간의 학업을 마친 후에는 제3고등학교京都府立 三高 이과에 진학한다. 중학교 때부터 수학을 특히 잘했으며, 고등학교 2학년 때부터는 물리학 수업이 시작되자 깊은 흥미를 가지게 된다. 독일 물리학자 프릿츠 라이헤가 저술한 영어로 쓰인 『양자론』을 구입하여 읽게 되는데, 당시 양자론이 탄생된 지 얼마 되지 않아 완전히 이해하지는 못했으나 재미있게 탐독하면서 일생을 물리학 연구에 몸 바치기로 결심한다.

양자역학이란, 입자와 파동의 성질을 함께 가진 물질의 최소 단위인 양자量子의 움직임을 설명하는 학문이다. 이것에 의해 원자 및 원자핵 등 고전 물리학에서는 설명할 수 없던 마이크로의 세계에 대한 새로운 해석이 가능하게 되어 당시 유럽 물리학계에서는 연구의 테마로 부상하게 된다.

한편, 아버지는 3남인 히데키의 장래 진로에 대해 고민하면서 당시 제1중학교의 모리 가이사부로 교장을 찾아간다. 히데키의 고등학교 진학을 실업계인 전문학교로 보내는 편이 낫지 않을까 고민하는 중이었다. 모리 교장은 아버지의 의향을 듣고 납득할 수 없다고 반대하면서 '유카와는 천재적인 수학적 센스와 착상이 풍부하다.'는 점을 들어 아버지에게 일반 고교로 진학시킬 것을 권유했다. 모리 교장이 학생 개개인의 자질을 정확히 파악하고 있던 점이 히데키의 장래를 좌우하게 된 셈이다.

19세(1926년) 때, 교토 제3고등학교를 졸업한 유카와는 교토 제국 대학의 이학부 물리학과에 입학한다. 당시 유럽에서 유행하던 양자역학을 규명하는 등 이론 물리학에 뜻을 두고 친구인 토모나카 신이치로(유카와 보다 15년 후인 1965년 노벨 물리학상 수상)와 함께 타마키 카쥬로우 교수의 연구실에 들어간다. 그러나 타마키 교수도 지도할 수 없는 첨단 학문이었던 양자역학이었기에 히데키는 혼자의 힘으로 연구에 매진한다.

히데키는 22세(1928년) 때, 교토 대학을 졸업한 후에 같은 대학 이학부의 타마키 교수 밑에서 무급의 조수가 되어 본격적으로 연구에 착수한다. 얼마 후 오사카에서 유명한 위장 병원을 경영하고 있던 유카와 가문과 혼담이 이루어져 당시 여성 잡지에도 사진이 게재될 정도로 미인이었던 '유카와 수미'와 결혼하고 부인 가계의 양자로 입적한다.

이전에는 이름이 오가와 히데키였으나 부인 가계의 양자로 입적되면서 유카와 히데키로 개명하게 된 것이다. 당시 일본에는 이러한 풍습이 적지 않았으며 히데키의 형이나 동생도 다른 가문의 양자로 들어가 이름을 바꾼다.

처가의 덕택으로 재정적 여유를 가진 히데키는 연구에 필요한 값비싼 서적을 구하여 읽을 수가 있었고, 수미 부인은 결혼 후 옆에서 히데키의 물리학 연구를 물심 양면으로 보조하게 된다.

결혼 다음날 수미 부인은 남편에게 "일본인도 노벨상을 탈 수 있느냐?"고 질문했고, 히데키는 "어떤 나라의 사람이라도 큰 발견을 하면 상을 탈수 있다."고 말하면서 "당신이 나에게 연구에 몰두할 수 있도록 내조해 주면, 나는 아직 세계인이 풀지 못한 분야를 해결할 자신이 있다."고 약속한다.

수미 부인은 일생 동안 남편의 말을 가슴 깊이 새기면서 집안의 대소사를 책임지고 남편이 연구에만 전념할 수 있도록 가정 분위기를 조성하고 남편의 마음을 배려하는 데 노력한다.

그러나 신혼 생활을 시작했던 히데키가 연구 테마로 정한 물리학의 연구 분야는 누구도 개척하지 않았던 암중 모색의 길을 더듬어 가는 것이었다.

양자역학은 1932년 한 해 동안 제임스 차드윅이 중성자를 발견한 것을 시작으로 존 코크로프트와 어네스트 월튼이 인공적인 원자핵 파괴에 성공하고 칼 앤더슨이 양전자를 발견한다.

한편, 연구 중이던 히데키는 자극을 받으면서도 초조감을 감출 수 없었는데 "원자핵이 양자와 중성자로부터 이루어진다면 그 둘을 이어 주고 있는 것은 무엇인가?"라는 의문을 갖게 된다.

암중 모색의 결과, 마침내 "원자핵 속에 중성자와 양자를 연결하고 있는 힘인 핵력은 무엇인가?"에 대한 돌파구가 보이기 시작했다. 그 단서는 중성자의 발견에서 시작되었는데, 원자핵 내부에 있는 양자는 플러스 전기를 띠고 새롭게 발견된 중성자와는 단자團子 상태로 안정되어 있었다.

그렇다면, 플러스 전자를 가진 양자와 전기적으로 중성인 중성자를 이어주는 힘은 전기적인 것일 수가 없으며, 더구나 양자들끼리 서로 반발하지 않고 연결되고 있는 이런 알 수 없는 힘은 전기의 반발력보다 더 강력한 것이어야만 한다는 것을 알게 된다. 이제까지의 연구 결과는 중성자의 발견으로 가능하였으나 이후가 문제였다. 세계 물리학자들은 전자와 양자 등 당시 이미 존재가 증명된 입자粒子를 사용하여 핵력의 비밀을 풀려고 했으나 모두들 실패하였다.

이탈리아 과학자 페르미는 1934년(히데키 27세 때) '뉴트리노'라는 새로운 소립자를 응용하여 "원자핵 안에서 중성자가 양자로 변할 때 전자와 뉴트리노를 방출한다."고 하는 학설을 발표한다. 히데키도 '전자와 뉴트리노야말로 핵력의 정체일 것이다.'는 가설을 세우고 연구를 하였으나 실패하였다.(뉴트리노/中性微子 : 전기적으로 중성이며 매우 작은 소립자. 2002년 노벨 물리학상 수상자 코시바 마사토시가 초신성으로부터 뉴트리노의 관측에 성공)

그러나 이런 실패를 계기로 히데키는 발상을 전환한다. 핵력을 산출하고 있는 것은 이미 알려진 입자나 뉴트리노가 아니고 전혀 새로운 별도의 입자일 것이라는 생각에 도달한다.

이러한 착상의 계기는 어느 날 마당에서 가족과 캐치볼(야구 경기에서 공을 던지고 받는 연습) 놀이를 하는 도중, "양자와 중성자가 새로운 입자를 캐치볼과 같이 서로 던져 생겨나는 힘이야말로 핵력이 아닐까?"하는 생각이 유카와의 뇌리에 스쳤던 것이다.

다시 말해, 양자와 중성자를 연결하는 핵력의 수수께끼에 집착하여,

이 2개의 입자 간에 별개의 입자가 존재하여 캐치볼 하는 모양으로 서로 강하게 이어 준다는 이론에 도달하였고, 원자핵의 크기로부터 그 입자의 질량이 전자의 약 200배라는 점을 이론적으로 계산해 낸다. 이것은 기존의 입자로서는 설명할 수 없었다. 히데키는 이런 획기적인 새로운 입자로서 '중간자'가 존재한다고 하는 가설을 세운다.

27세(1934년 11월) 때 제1호 논문인 . '소립자의 상호 작용에 대해서 – 1'를 일본 수학 물리학회의 영문 기관지에 투고하였으나 처음에는 세계 과학계로부터 별다른 주목을 받지 못했다. 그러나 점차 시간이 흐름에 따라 연구자들 사이에서 중간자가 입증됨으로써 히데키는 새롭게 중간자론이라는 소립자의 세계를 이론적으로 개척하기에 이른다.(2008년 일본인 노벨 물리학상 수상자 3명의 연구는 36~48년 전에 이루어졌으나, 이론의 정확성이 실험에 의해 검증되기까지는 20년 가까이 걸렸다. 이와 같이 과학 분야에서 연구 성과를 내고 노벨상 수상까지 걸리는 기간이 평균 17년이나 소요된다는 통계가 있다)

나중에 히데키는 『여행자旅人』라는 자서전에서 당시의 상황을 '등에 무거운 짐을 진 여행자가 언덕을 오르는 기분이었다.'고 술회한 바 있다.

일본인 최초로 노벨상을 받으며
일본 과학계에 큰 영향을 미치다

　　그러나 히데키가 스스로 가설을 세우고 이론을 정립했던 '중간자론'
은 발표 당시에는 해외로부터의 반응이 냉랭했다. 당시 과학적인 연구
는 유럽과 미국이 중심이었고, 히데키는 서구에서 활약한 적이 없는 토
종 과학자였던 관계로 관심을 끌지 못했던 것이다. 다만, 해외에서는
평소 알고 지내던 니시나 요시오·키쿠치 세이시·토모나카 신이치로
등 선배와 동료가 관심을 가지고 격려를 보내 주는 정도였다.

　　히데키는 자신이 세운 이론을 해외에 알릴 필요성을 절감하고 해외
의 과학 전문지와 연구자들과 적극적으로 접촉하려고 하였으나 반응은
의외로 차가웠다.

　　30세(1937년 1월) 때 중간자론의 요점을 정리한 논문을 세계적으로 권
위 있는 과학 잡지인 영국의 '네이처' 지에 투고하려고 했으나, 실험에

의한 논증이 없다는 이유로 게재할 수 없다는 통고를 받는다. 같은 해 3월에는 유럽의 저명한 물리학자 닐스 보어(Niels Bohr, 1922년 노벨 물리학상 수상)가 일본을 방문하는 것을 기회로 보어에게 자신의 이론을 설명하고 의견을 구하나 동의할 수 없다는 대답을 듣는다.

그러나 같은 달인 3월에 미국 과학자 앤더슨과 넥더마이어 연구진이 히데키가 예언한 '중간 질량을 가진 새로운 입자'가 존재한다고 공식적으로 발표한다. 6월에는 원폭의 아버지라고 일컫는 미국의 로버트 오펜하이머가 히데키의 이론을 지지하는 논문을 발표한다.

8월에는 일본에서도 이화학 연구소의 니시나 요시오가 이끄는 연구진도 앤더슨 등이 발견한 동일한 입자의 존재를 발표한다. 나중에 '뮤온'이라고 불리는 별도의 입자임이 판명되지만, 이것을 계기로 세계 물리학계로부터 히데키는 갑자기 각광을 받게 된다.

히데키는 32세(1939년) 때, 10월 말 벨기에서 열리는 소르베 회의에 참석해 달라는 초대장을 받는다. 소르베 회의는 세계 유수의 물리학자들이 모여 첨단의 연구와 이론을 토론하는 회의로 알려져 있었다.

히데키는 수개월의 여유를 가지고 같은 해 6월 고베에서 배를 타고 이탈리아로 향한다. 여기서 나폴리·로마·베를린·라이프니치 등을 경유하면서 다수의 유럽 과학자들과 만난다.

그러나 9월 독일의 폴란드 침공을 시작으로 유럽 전역이 전쟁터가 되자, 소르베 회의 개최가 어려워져 독일에 유학 중이던 동료 학자 토모나카 신이치로와 함께 미국을 경유하여 귀국길에 오른다. 미국에서는 당대의 유명 과학자인 페르미, 오펜하이머, 아인슈타인 등을 만나고 미국의 많은 대학과 연구 시설을 둘러본다.

한편, 당시 세계는 제2차 세계 대전으로 치달아 각국에서 신병기 개발에 박차를 가한다. 미국에서는 1942년부터 루즈벨트 대통령이 20억 달러에 이르는 거액의 예산을 투입하여 원폭 제조를 위한 '맨하튼 프로젝트'를 가동한다. 독일에서도 로켓 개발을 가속화시키는 가운데, 일본도 원폭 개발을 위한 연구에 착수한다.

일본 육군은 히데키가 41세(1941년) 때 도쿄의 이화학 연구소를 통해 원폭 개발의 조사를 의뢰하게 되고 책임자인 니시나 요시오의 머리 글자와 같은 발음을 따서 '니고 연구二號研究'라고 명명한다. 또한, 일본 해군도 교토 대학에 '니고 연구'와 별도의 원폭 개발인 'F호號 연구'를 의뢰하게 되는데 책임자로는 아라카츠 분사쿠가 임명되고, 히데키는 그 밑에 들어가 원자핵 이론을 담당하게 된다.

그러나 일본에서는 아직 원폭을 제조할만한 기술력이 성숙되지 못한 데다가 원폭 제조의 원료인 우라늄마저 입수할 수가 없었다. 미국은 1945년에 원폭을 완성시킨 후, 첫 번째는 실험에 사용하고 같은 해 8월에 두 번째(히로시마, 8월 6일)와 세 번째(나가사키, 8월 9일)의 원폭을 실제로 투하하여 급기야 일본으로부터 무조건 항복을 받아낸다.(제2차 세계 대전 이후 유럽은 가속기에서 소립자를 만드는 시대에 진입했으나, 일본은 전쟁 이전에 니시나 등에 의해 가속기를 만들었으나 전후 미군정 사령부가 원폭 제조로 연결될 수 있다며 파괴를 명령한다)

한편, 발표 당시 전혀 주목을 끌지 못했던 히데키의 중간자론은 30세 (1937년 3월) 때 미국 과학자 앤더슨이 이끄는 연구진이 '중간 질량을 가진 입자'를 관측한데다 오펜하이머의 논문 등에 힘입어 히데키는 같은 해 11월에 중간자론 제2보를, 다음 해(1938년)에는 제3보와 제4보를 발표함으로써 그의 중간자론에 대한 연구는 세계 물리학자들의 관심을 불러일으킨다.

드디어 40세(1947년 5월) 때, 영국 과학자 파웰 등이 우주선宇宙線 속에서 2종류의 중간자를 확인했다고 과학 잡지 '네이처' 지에 보고한다. 다음 해 3월에는 미국 과학 잡지 '사이언스' 지에 캘리포니아 대학의 연구진이 중간자를 인공적으로 제조하는 데 성공했다는 기사가 게재된다. 돌이켜보면 히데키가 27세 때 중간자론을 정립한 이후 실로 13년 만에 그 빛을 보게 된 것이다.

42세(1949. 12. 10) 때, 히데키는 '핵력의 이론적 연구에 기초한 중간자 존재의 예언에 대하여' 라는 중간자에 관한 연구 논문으로 노벨 물리학상을 수상한다. 히데키의 연구 성과가 이론 물리학의 기초에 해당하는 근본적인 문제의 해명에 공헌한 점이 국제적으로 인정받은 결과였다.

당시 일본은 미국과의 전쟁에서 패한 후 4년밖에 지나지 않아 정치는 맥아더 군정 사령부(GHQ)의 통치 하에 놓여 있었고, 경제는 거리에 실업자가 넘쳐나고 식량난이 지속되는 등 어려운 상황에 처해 있었다.

이런 차제에 히데키의 노벨상 수상은 집단 의식이 강한 국민들을 하나로 뭉쳐 열광시키기에 충분하였다. 패전 후 의기 소침한 상태에서 세계에 자랑할 만한 과학적 업적을 이루었다는 국민적인 프라이드와 과학 입국만이 국가 발전의 지름길임을 국민들에게 각인시켜 주는 전환점이 되었다.

또한, 해외 유학 경험이 전혀 없는 무명에 가까운 일본의 젊은 과학도가 구미의 문헌에만 의지하며 혼자 힘으로 연구에 매진하여 27세에 노벨상 수상의 기초가 되는 논문을 발표했던 것은 구미 과학계로서는 일본 과학계의 실력을 인정할 수밖에 없도록 만들었다.

히데키는 최고의 영예인 노벨상 수상을 계기로 국내외에서 강연회 및 언론 대담은 물론, 새로운 조직이나 위원회로부터 대표를 맡아달라는 문의가 쇄도하는 등 바쁜 생활을 보낸다.

나중에 히데키는 자서전에서 당시의 일을 회상하며 "국민들이 학문을 존중하는 풍토라면, 학자는 가능한 한 연구실에 있어야 하고 번잡한 세상에 나오게 하지 않았으면 좋겠다."고 술회하고 있다. 45세(1952년) 때에는 노벨상 수상 기념 사업 일환으로 교토 대학에 유카와 히데키 기념관이 설립된다. 다음 해에는 동 대학에 기초 물리학 연구소가 개소되고, 히데키는 63세(1970년) 정년 퇴임 시까지 17년간 소장을 겸임한다.

이 연구소는 덴마크 코펜하겐의 보어 연구소를 모델로 하여 국내외 연구자들에게 문호를 개방하고 자유롭게 토론하는 장소로 활용하자는 데 있었다. 이것을 계기로 일본에서는 유사한 연구소가 생겨났고 생물 물리 · 우주 물리 · 플러즈마 과학 등 아직 싹을 피우는 단계의 기초적인 연구 영역이 생겨났다.

1950년대, 세계는 미국과 소련이 대립하는 냉전의 시대로서 미국에서는 원자 폭탄보다도 위력이 강한 수소 폭탄의 실험을 성공(1952년)시키는 등 군비 확산의 기운이 높아지고 있었다. 이때, 히데키는 영국 철학자인 버트란트 러셀로부터 핵무기 폐기를 위한 서명 운동에 동참해 달라는 편지를 받고 평소 아인슈타인과도 핵무기는 폐기되어야 한다는 지론을 공유하고 있던 터라 기꺼이 동참한다.

히데키는 노벨상 수상 이후 관련 물리학 연구와 더불어, 핵무기의 폐기를 위해 전 세계가 노력해 나가야 한다는 분위기를 조성하고 이를 실현시키기 위한 각종 국제 회의에 참석하거나 일본에 관련 회의를 유치하는 등 74세(1981년)에 세상을 뜨기까지 핵무기 폐기를 통해 세계 평화를 구축하려는 활동을 계속했다.

이런 히데키의 과학 분야의 공헌과 세계 평화에 대한 노력이 인정되어 유네스코는 히데키의 얼굴을 디자인한 '유네스코 메달'을 탄생 100주년(2007년)을 맞아 제작했다. 물리학자로서는 '아인슈타인 · 퀴리부인 · 보어'에 이은 4번째의 영광으로써, 유카와 히데키에 대한 세계의 평가가 오늘날에도 인정되고 있음을 보여 주는 사례라고 할 수 있다.

유카와 히데키는 원래 내성적이었고 조용한 성격이었다. 학창 시절에는 말수가 적었으며 교토 대학의 교수가 되어서 강의할 때도 목소리가 작은 데다 칠판에 이론만 가득 적으면서 수업을 진행하여 학생들이 애를 먹었다고 한다. 이런 연유로 학생들에게는 인기가 없었다. 또한, 후진을 양성하는 교육자로서 제자들에게 건네는 말투가 직설적이어서 젊은이들이 쉽게 접근할 수 있는 분위기가 아니었고, 타인이 쉽게 말을 붙이기도 쉽지 않은 차가운 인상이었다. 히데키 자신도 이러한 자신의 성격을 잘 알고 있어 고민하고 있었다고 한다.

대부분의 연구 활동도 타인과 공동 연구를 하지 않고 혼자서만 수행한데다, 교수의 입장에서 제자들에게 따뜻한 관심을 보이지도 못해서 인재 육성에는 서툴렀던 측면이 있었던 것 같다.

일본 과학계 일각에서는 유카와와 평생 절친한 친구이자 경쟁자로서 두 번째로 노벨 물리학상을 수상했던 토모나카 신이치로와 유카와 히데키를 비교하여 다음과 같이 평하고 있다.

"토모나카 신이치로가 수재라면 유카와 히데키는 천재이다."

히데키는 아지랑이처럼 희미하고 흐릿한 사물의 상태를 몽롱한 채로 받아들여 이리저리 고민한 끝에 일반인들을 놀라게 하는 독창적인 발상으로 과학적 이론을 정립한 인물이었다. 이러한 발상은 어려서부터 배웠던 『논어』·『맹자』는 물론 『장자』의 사상에 매료되어 이것을 물리학 연구에 연결시켰던 점이 주효했던 것이 아니었을까 한다.

또한, 히데키는 일본에서는 불모지였던 원자핵의 해명에 도전하여 연구에 연구를 거듭해도 풀리지 않자, 해외에서 연구하고 있는 선배 및 동료 과학자들을 의식하면서 초조감이 극도에 달해 불면증 등 노이로제 증상에 시달릴 정도로 내성적인 성격이었다. 이를 보다 못한 장인이 유학을 권유했으나 '자신이 정한 테마를 완성하기까지는 나가지 않겠다.'고 사절했던 것으로 볼 때, 자아 의식이 무척이나 강했던 인물이기도 했다. 이러한 강한 고집이 미지의 첨단 물리학 연구에 몰두하게 했던 원동력이었을 것이다.

아무튼 당시에는 물질을 구성하는 최초의 입자로 전자(그리고 양전자)·양자·중성자·광자光子 만을 생각하였는데, 히데키는 '중간자'라는 새로운 입자의 존재를 예언했고, 그 후 다양한 입자가 발견되는 계기가 되어 소립자 물리학의 이론적 창시자로서 평가받고 있다.

또한, 소립자 물리학으로부터 파생한 천체 물리학·우주 물리학도 최근 10여 년간 관측 기술의 향상으로 크게 발전하고 있으며 코시바 마사토시(2002년 노벨 물리학상 수상) 도쿄 대학 명예 교수 등 세계 과학계에서 일본 학자들이 차지하는 비중이 적지 않은 실정이다.

교토 대학의 유카와 히데키 이론 물리 연구소에서 23년간 함께 조수 생활을 했던 고바야시와 마스카와 두 사람이 2008년에 노벨상을 타게 한 우주 탄생을 규명했던 이론도 유카와 히데키의 제안으로 일본 과학계가 창간(1946년)했던 이론 물리학에 관한 영문의 전문 학술지 '프로그레스'(PROGRESS OF THEORETICAL PHYSICS, 이론 물리학의 진보)의 1973년 2월호에 발표된 것으로, 35년이 지난 후에야 공적을 인정받은 셈이다.

유카와 히데키는 영·미 등 서구 중심으로 과학 학술지가 발간되고 있는데 대해 아쉬워하면서 사망 직전까지 '프로그레스'를 계간지에서 월간지로 발전시켰고 국제적인 학술지로 격상시키는 데 혼신의 노력을 다했다.

20세기 전반기 구미와 비교하여 산업화의 열세로 고도의 실험 장치가 턱없이 부족했던 일본으로서는 과학자들이 '종이와 연필'만 있으면 연구가 가능하다는 소립자 물리학 등 이론 연구에 매달릴 수밖에 없었던 것은 어쩌면 당연한 것인지도 모른다.

그러나 21세기에 들어와서 과학 기술의 발전으로 고도의 실험 연구 장치를 갖추게 되자, 일본의 고에너지 가속기 연구 기구(KEK, 이바라키 현

츠쿠바 시 소재)는 2001년 미국의 스탠포드 가속기 연구소(SLAC)와 함께 고바야시·마스카와 양인의 이론에 부합한 우주 입자 검출에 관한 입증 실험 결과를 발표하여 노벨상 수상의 기반을 마련하게 된다. 이후에도 일본 정부와 기업의 대규모 과학 기술 연구 투자에 힘입어 물리학 및 화학 분야 등에서 다수의 노벨상 수상자가 나올 가능성이 높다.

유카와 히데키의 노벨 물리학상 수상을 계기로 당시 과학에 뜻을 둔 청소년들이 이과에 다수 진학하였고, 오늘날 일본 과학계를 이끌고 있는 인재들 중에는 유카와 히데키의 지도를 받았거나 그 사상적인 영향을 간접적으로 받았던 사람이 적지 않다.

히데키가 미지의 소립자인 중간자의 존재를 예언했을 때, 난부 요이치로(2008년 노벨 물리학상 수상자, 미국적)는 14세였는데, 그도 이에 자극을 받아 동경 제대 물리학과에 들어가 연구의 길을 걷기로 결심한다.

일본 정부도 "과학 기술 기본법"(1995년)을 제정하여 과학 연구 예산을 해마다 증액하여 왔는데 제2기 과학 기술 기본 계획(2001~2005년)에 이어 제3기 과학 기술 기본 계획(2006~2010)에서도 '2050년까지 노벨상 수상자 30명 배출 목표'를 세우고 관련 인재의 육성과 기초 연구의 추진을 지원한다는 방침을 수립·추진하고 있다.

그러나 노벨상 수상자를 다수 배출하기 위해서는 과학 기술에 관심 있는 인재가 모여야 하는데, 최근 들어 이공계열의 이탈 현상이 심화되고 있어 일본 과학계는 우려하고 있다.

가와무라 다케오(洞村健天) 관방 장관은 2008년도 노벨 물리학상에 일본의 과학자 3명의 수상 소식을 접하고 공식 브리핑에서 "이번 수상이 젊은 연구자들에게 용기를 주고 어린이들에게도 물리와 화학에 관심을 갖도록 하여 현재 우려하고 있는 '이공계 이탈' 현상을 막는 원동력이 되길 기대한다."고 언급(10월 9일)한 바 있다.

패전 직후 유카와가 노벨상을 수상하여 다수의 어린이들에게 '장래 과학자가 되겠다.'는 꿈을 심어 주었음을 기억하고 있는 일본 사회는 금후에도 다수의 수상자가 배출되길 기대하고 있는 분위기이다.

개인의 힘을 국가의 힘으로 끌어올리는 일본인들의 국민성, 거기에 부응해서 자기와의 처절한 싸움에서 이긴 유카와 히데키의 공적은 그것이 일본 최초의 노벨상이었기에 더 뜻 깊지 않았나 싶다. 원대한 목표를 세우고 시작을 준비하는 사람들에게 인내와 노력의 결정을 보여 주는 모범이 된 것이다

일본의 노벨상 수상의 토양은 언제부터 형성되었는가?

일본 정부는 근대 메이지 시대부터 서양의 기초 과학 기술을 따라 잡기 위해 정부 차원에서 역점을 두고 노력해왔다. 사회적으로도 몇 대에 걸쳐서 가업을 이어받는 장인 정신이 과학계에도 녹아있는데 그런 과정 속에서 독자적인 기초 과학 연구의 기반이 조성되었다고 볼 수 있다.

현대에 들어와서는 1995년에 제정된 '과학 기술 기본법'에 의해 장기적인 시야에서 체계적이고 일관된 과학 기술 정책을 실행할 수 있게 되었다. 이 법에 의해 제1기 과학 기술 기본 계획(1996~2000년)과 제2기 기본 계획(2001~2005년)이 책정되고, 제3기 기본 계획(2006~2010년)이 시행 중이다.

제1기 기본 계획에서 17조 엔, 제2기 기본 계획에서 24조 엔의 막대한 정부 예산을 투입하였는데, 이 시기는 사실 일본의 장기 불황 시기로서 정부의 각종 정책 경비가 삭감되었음에도 불구하고 과학 기술 예산만은 오히려 증가했다.

제2기 기본 계획의 연구 개발 투자에 의해 일본의 잠재적인 과학 기술력은 많이 향상되었다. 미국에 이어 세계 2위의 자리를 고수하고 있는 논문 발표 건수가 말해 주듯이 연구 논문에서 일본의 지위는 질과 양, 양쪽 모두에서 향상되었다.

구체적인 성과로서 새로운 암 치료의 개발과 재생 의료용 재료의 실용화 및 국민 건강 증진에 공헌하는 성과가 있었고, 태양광 발전에 있어 세계 최고의 변환 효율과 그 양산화 기술의 개발을 달성한 바 있다.

제3기 기본 계획에서도 정부의 연구 개발 투자 규모를 25조 원(2006~2010년간 GDP 대비 1% 수준)을 책정하고 '과학 기술은 내일에 대한 투자'라는 자세를 견지하면서 6개의 대大목표와 12개의 중中목표를 정책 목표로서 설정하고 있다.(6대 목표 : 飛躍知의 발전·발명, 과학 기술의 한계 돌파, 환경과 경제의 양립, 이노베이터 일본, 생애 활기찬 생활, 안전을 자랑하는 일본)

결정은 신중하게 도전은 과감하게

책임은 끝까지 져라

야마모토 이소로쿠(山本五十六)

야마모토 이소로쿠(山本五十六,, 1884. 4. 4~1943. 4. 18). 일본 쇼와(昭知) 때 원수이자 해군 대장

국제 감각과 유연성을 겸비한
연합 함대 사령관

일반적으로 군인이라면 상부의 명령에는 무조건 복종해야 하는 것으로 인식되고 있다. 또 그래야만 진정한 군인이라 불린다. 보통 사람들도 자신의 주장을 소리 높여 강조한 뒤에는 그것이 비록 틀린 주장이라도 자존심을 굽히기 싫어 끝까지 밀고 나가려는 경향이 있다. 특히나 저명한 정치인이라든가 사업체의 지도자들은 자신이 밀고 나가는 자신의 정책에 대해 절대 중간에도 포기하거나 방향을 바꾸지 않으려는 경향이 있다. 심지어 정책이 잘못됐다는 것을 안 이후에도 바꾸기가 쉽지 않다. 하지만 이런 일반적인 상식을 뒤엎은 사람이 야마모토 이소로쿠이다.

야마모토 이소로쿠는 미국과의 전쟁은 옳지 않다고 여기는 자신의 주장이 현실적으로도 틀리지 않은 주장임을 알고 있지만, 나라의 부름에는 무조건 응해야 한다는 군인의 신분탓에 자신의 뜻을 접고 미국을 상대로 전쟁을 일으킨다. 그리고 어차피 치러야 할 일이라면 최선을 다하자는 다짐으로 전쟁에 임해 한 순간일망정 일본의 국가 위상을 세계에 높인 사람이다.

1941년 12월 7일(현지 시간) 새벽, 일본이 미국을 상대로 태평양 전쟁을 일으킨 직접적인 도화선이었던 하와이 진주만 폭격은 야마모토 이소로쿠 연합 함대 사령관이 입안하고 직접 지휘한 작전이었다.

이소로쿠 사령관은 원래부터 미국과의 전쟁을 반대하는 입장이었다. 그러나 군부 내 육군이 강하게 개전을 주장하는 가운데 육군의 지지를 받은 도조 히데키 내각의 출범(1941. 10. 18)으로 미국과의 전쟁 불사 방침이 결정되었다. 그러자 이소로쿠는 전쟁을 반대하는 입장에서 한 발 물러나 태평양 전쟁의 시발점인 진주만 기습 작전을 수립한다. 일본 측의 군사적 우위는 초반 6개월에서 1년 남짓을 넘길 수 없다고 판단하고, 미국에 최단 기간 내 최대한의 타격을 준 후 유리한 상황에서 외교적인 해결을 모색하겠다는 입장을 취했다.

그러나 이소로쿠의 기대와는 달리, 진주만에서 기습 공격을 받아 극심한 피해를 입은 미국으로서는 이소로쿠 사령관이 기대했던 외교적인 수습을 받아들일 수 없었고 태평양 전쟁은 확대되어 갔다. 잠자는 사자를 건드린 격이었다. 최악의 결과까지도 예상하고 있던 이소로쿠의 예언은 그대로 맞아 떨어졌고 그는 전장에서 최후를 맞을 때까지 최선을 다했다.

미국은 이소로쿠 제독을 비록 적의 지휘관이었지만 탁월한 군사 전략가로서 높이 평가했다.

미국 유학 생활을 통해 이미 미국의 전쟁 수행 능력을 확인한 이소로쿠의 국제 감각은 뛰어났다. 전쟁을 오래 끌면 질 것이라는 것을 뻔히 알면서도 최선을 다하는 군인의 자세와 필요할 때면 자신의 결정을 그 자리에서 바로 뒤엎을 정도의 결단력이 있는 용기는 그를 일본인들의 우상으로 만들기에 충분했다.

그러나 일본 내에서는 그에게 우호적인 여론도 많지만 비판적인 시각도 없지 않다. 왜냐하면, 미국과의 전쟁을 시작하면서 펼친 진주만 기습 작전은 성공하였으나 미드웨이 해전(1942. 6. 5)에서는 항공 모함 4척을 비롯한 주력 전함과 3,000여 명에 달하는 전투 인력을 손실시키는 결정적인 실패를 가져왔기 때문인데 이 해전에서도 이소로쿠 제독이 연합 함대 사령관으로서 책임 있는 위치에 있었기 때문이다.

이소로쿠 제독은 설국(雪國, 가와바타 야스나리의 노벨 문학상 수상 소설의 이름으로도 유명)으로 알려진 에치고 지방, 현재의 니이가타 지역 특유의 지방색이라고 할 수 있는 고고함을 즐기면서도 아집과 반골 기질을 가지고 있었다. 또한, 입이 무겁고 남에게 장황하게 설명하거나 설득하기를 싫어하는 스타일로 이런 저런 말없이 결론 밖에 말하지 않았다.

의견이 맞지 않는 상관이나 동료들과는 술잔을 기울이면서 의견 차이를 메울 수도 있었을텐데 애석하게도 그는 체질상 술을 잘 마시지 못했다. 하지만 좋아했던 장기 · 마작 · 화투 · 룰렛 게임 등을 할 때에는 도박사적인 기질을 가지고 공격적인 모습을 보였으며, 가끔 친구들에게

퇴역 후에는 고향에서 여유롭게 지내든가 모나코에서 도박을 하고 싶다고 말하기까지 했다.

이소로쿠가 38세(1921년, 大正 10년) 때 하버드 대학에서 돌아온 후, 해군 대학의 교관을 하면서 에너지원으로서의 석유의 중요성이 커질 것이라는 점과 앞으로의 전투에서는 항공기의 비중이 높아질 것이라고 역설함과 동시에, 엄격하면서도 합리적인 처신으로 교육생들의 마음을 사로잡았다.

이소로쿠 제독은 에도 시대에 고향 에치고 나가오카 번(현재의 니이가타현 나가오카 시)의 국시國是였던 상재 전장常在戰場을 좌우명으로 삼고 항상 흐트러짐이 없는 품행으로 부하들의 귀감이 되었다.

당시 이소로쿠 제독이 주장했던 석유의 중요성은 태평양 전쟁이 석유에서 시작하여 석유로 끝났을 정도로 여실히 증명되었다. 또한, 앞으로의 전투에서는 항공기가 주력으로 등장할 것이라는 항공 주병론航空主兵論도 함대끼리 거포를 쏘면서 하는 싸움에 익숙해 있던 분위기 속에서 획기적인 전략이었다. 물론 진주만의 기습 공격도 당시로서는 성공을 점치기 어려운 역발상의 군사 행동이었다.

상사였던 요나이 미츠마사 해군 대신과 함께 미국과의 개전을 끝까지 반대했고 고노에 후미마로 수상에게 진언한 바와 같이, 태평양 전쟁에서 결코 일본이 미국을 이길 수 없는 전쟁임을 잘 알고 있었다. 그러나 전쟁으로 상황이 급변하자 자신이 수년간 공들여 육성했던 항공 모함 전대戰隊를 활용한 단기 결전을 취하면서 본의 아니게 전쟁을 지휘했던 비극의 해군 제독이기도 했다.

야마모토 이소로쿠는 1884년(명치 17년), 니이가타 현 나가오카 시에서 다카노 사다요시의 6남으로 태어났다. 그때 부친의 나이가 56세(모친의 나이 45세)였기 때문에 '쉰여섯 살의 나이에 얻은 자식이다.'는 의미에서 다카노 이소로쿠高野五十六라는 이름이 지어졌다.

고향인 나가오카 중학교를 졸업 후 1901년(명치 34년) 히로시마에 있는 해군병 학교에 190명의 입학생 중 차석으로 들어갔고, 1904년(명치 37년)에 졸업했다. 이듬해 겨울, 러일 전쟁의 발발로 소위 후보생으로서 도고 헤이하치로 제독의 지휘 하에 동해 바다에 위치한 6번함인 장갑 순양함 니신 함상에서 러시아의 발틱 함대를 맞아 싸웠다.

이 전투에서 이소로쿠는 왼손의 둘째와 셋째 손가락을 잃는 중상을 입는다. 만약 오른손에 이와 같은 부상을 입었다면 더 이상 군 생활을 할 수가 없어 전역을 해야만 했는데, 만약 그랬다면 태평양 전쟁의 역사도 달라졌을 것이다.

이소로쿠는 왼손의 부상을 치료하기 위해 6개월 동안 병상에서 지내면서 장차 자신은 군인으로서 나라에 봉직해야 하며, 전쟁에서의 생사 여부는 하늘이 내린다고 하는 사생관을 깊이 인식하는 계기가 된다.

제1차 세계 대전이 발발한 1914년(大正 3년) 해군 대학에 진학하고, 이듬해인 32세(1915년, 大正 4년) 때 대학 재학 중 과거 나가오카 번의 가로家老였던 야마모토 가문山本家의 양자로 입적한다.

35세(1918년, 大正 7년)가 되어 해군병 학교의 동창생이자 절친한 친구였던 호리테이 키치堀悌吉가 소개한 레이코(23세)와 결혼한다. 레이코는 과거 아이츠 번 사무라이 가문 출신이자 당시 목장을 경영하고 있던 미츠

하시 야스모리의 3녀였다.

늦은 나이였음에도 중매인에게 결혼의 전제 조건으로 "나는 국가 사무를 위해서 일해야 하므로 세상 사람들과 같이 처자에게 신경 쓰지 못할 경우가 있을 것이고, 공무公務에 관해서는 절대 입 밖에 내서는 안 된다."고 주문했다고 한다.

하버드 대학 유학(1919~1921년)과 주미 일본 대사관에 해군 무관으로서 근무(1925~ 1926년)했던 것 외에도 국제적인 군축 회담을 위해 미국을 자주 드나들면서 자연스럽게 미국의 저력을 알게 된다.

이소로쿠는 미국에 체류 중일 때, 당시 일본이 건설 중이던 '88함대'라고 불리던 대형 함대를 움직이는 데 소요되는 석유에 관심을 가지고, 텍사스 소재 정유소를 시찰하거나 석유 관련 문헌·보고서·신문 자료 등을 읽는 등 에너지 자원의 안정 확보 방안에 대해 고민했다. 당시에 석탄으로 움직이고 있던 해군 함정도 앞으로는 석유로 전환될 것이라고 보고 있었기 때문이다.

또한, 당시 일본에서는 설탕과 소금을 국가 전매로 공급과 수요를 제한하고 있었는데 반해, 미국에서는 기업들이 플랜테이션 사업으로 귀한 물자를 거의 무제한으로 공급하고, 국민들은 이런 물자를 대량으로 소비하고 있는 사실을 알고 미국이 풍부한 자원 부국임을 인정하게 된다.

1930년대 이소로쿠는 대함 거포大艦巨砲 위주의 전투 방식이었던 분위기에서 일찍이 항공기 운용에 대한 전문 지식을 가졌으며, 앞으로 해군의 주력 부대는 항공 모함이 되어야 한다는 믿음 아래 우수한 항공기를 도입해야 한다고 줄곧 주장하며 해군 항공대의 육성에 주력한다.

1930년(소화 5년) 해군 항공 본부 기술 부장에 배속된 후로는 항공기 제작의 공업 기반을 다지고 신기종의 개발에 주력했다. 제1 항공 전대 사령관(1933년)·해군 항공 군비의 최고 책임자인 항공 본부장(1935년) 등을 거치면서 항공대의 육성과 전술 능력 배양에 힘을 쏟아 장병들로부터 해군 항공의 아버지라고 불릴 정도로 지지를 받았다. 항공 본부장 시절에는 해군의 비행기를 모두 국산화해야 한다는 목표를 세우고 '제1차 국산 항공기 시험 제작 5개년 계획'을 입안하여 1940년까지 일본의 항공기 기술을 비약적으로 진보시켰다.

당시 항공 모함에 배치되는 항공기는 육군의 항공기에는 미치지 못하는 수준이었다. 특히, 청일 전쟁과 러일 전쟁을 통해 함대와 함대 간 전투에만 익숙한 상급자들은 전함의 거대한 대포의 우위만을 믿고 있어 기동력이 뛰어난 항모 전단의 도입을 주장하는 이소로쿠와는 의견이 대립되는 상황이었다.

항공 본부장 시절 이소로쿠는 "국방의 주력은 항공기이며, 해상의 함선은 그 보조에 불과하다."고 주장하는 등 항공 주병론(航空主兵論, 또는 항공 제일주의)을 강조하며 대함거포주의(大艦巨砲主義) 신봉자들과 싸웠다. 금후 전투에서는 항공기의 공격 위력이 발휘될 것이기 때문에 이에 대비하기 위해 항공 분야에 대한 예산 배분을 강조했던 것이다.

거함을 만들어도 침몰을 피할 수는 없다. 장래의 항공기의 공격력은 위력을 크게 증대시켜 함대 간 포격전이 시행되기 전에 비행기의 공격으로 파괴되기 때문에, 앞으로의 전투에서는 전함은 무용지물이 된다고 주장하며 전함의 건조 예산을 항모 건조로 돌려야 한다고 주장했다.

만약 미군과 개전을 한다면 해군 군비는 전투기 1천 기, 중급 공격기中攻機 1천 기가 필요하다는 지론을 펴기도 했다.

야마모토 이소로쿠 제독의 항공 모함과 함재기를 이용한 작전은 연합 함대의 진주만 기습(1941.12.7, 현지 시간)에서 그 위력이 여실히 증명되었으며, 미드웨이 해전에서의 미군의 승리에서도 알 수 있듯이 태평양 전쟁은 항공 모함끼리의 항공전이라는 새로운 패러다임으로 전개되었다.

당시 기상 천외한 군사 작전이라고 불렸던 진주만 기습도 그동안 공들여 양성했던 해군 항공대를 주력으로 하여 치른 전쟁이었다. 또한, 그는 항공기 중심의 전투 시대의 도래를 예견하고 대함거포주의로 상징되는 전함 야마토의 건조에도 반대했다.

그러나 그가 양성했던 해군 항공대는 미드웨이 해전으로 숙련된 조종사들이 상당수 사망한 데다 우수한 미국산 전투기의 양산으로 전쟁 수행에 어려움을 겪게 된다.

미국의 실력을 알고
승산 없는 개전에 반대하다

야마모토 이소로쿠 제독은 하버드 대학 유학(1919~1921년) 시절과 주미 일본 대사관의 해군 무관(1925~1926년) 근무 시절에 미국의 산업 생산력과 월등한 기술력을 직접 목격할 수 있었다. 미국의 경제력에서 비롯되는 전쟁 수행 잠재력을 파악한 결과, 일본은 절대로 미국과의 전쟁에서 승리할 수 없다는 확신을 갖게 된다.

미국도 일본의 전쟁 수행 능력을 가늠하는 리포트를 작성하고 있었다. 사법성 전시 경제국이 중심이 되어 일본 종합 상사의 재미在美 거점 자료를 철저히 조사했는데, 1941년 12월 개전까지 5년간에 걸쳐 일본이 미국으로부터 수입했던 기계·장치·부품·원재료 등을 총망라했다. 이와 병행하여 철도망·항만·발전소 등도 조사했는데 그 범위가 일본 본토 이외 한반도·만주·대만·인도차이나 반도 등 당시 일본의

세력권 전역에 미치고 있었다. (일본 경제 신문 석간 2008. 11. 4)

당시 고노에 후미마로 수상이 은밀히 이소로쿠 연합 함대 사령관을 불러(1941.9.12) 미국과의 전쟁에 대한 승산을 물어오자 패배할 것이라고 단언하고, 길어 봐야 6개월에서 1년이면 전쟁이 끝날 것이라고 언급했던 일화가 있다. 나중에 실제로 미일 간의 태평양 전쟁 상황은 이소로쿠가 말한 그대로 흘러갔다.

구미 사정에 정통했던 이소로쿠는 해군 차관 시절 요나이 미츠마사 해군 대신과 함께 일본이 독일·이탈리아와 3국 군사 동맹을 체결하는 것에 반대하였으며 최후까지 미국과의 개전에도 반대하여 육군 내 개전파로부터 테러 등 신변 위협설이 나돌기까지 했다. 요나이 미츠마사 해군 대신이 그의 신변 보호를 위해 해상에서 근무하는 연합 함대 사령관으로 발령을 냈을 정도였다. 요나이 미츠마사 해군 대신은 이소로쿠보다 해군병 학교의 3년 선배로서 포술 학교 교관 시절 함께 근무하는 등 오랜 동안 교분을 쌓아 서로 간에 신뢰 관계가 깊었다.

한번은 오이카와 고지로우 해군 대신이 내각의 일본, 독일, 이탈리아 3국 동맹의 체결 방침을 전달하기 위해 해군 수뇌 회의를 소집하자 이소로쿠는 연합 함대 사령관의 자격으로 참석했다.

이소로쿠 제독은 "3국 동맹 체결 후에 예상되는 미국과 영국의 수출 금지 조치에 어떻게 대응할 것인가?"라고 질문하면서, 동맹 체결 동의파가 다수를 점하는 회의 석상에서 당당하고 단호한 태도로 혼자만이 반대 의견을 개진했다. 당시 일본은 필요로 하는 자원의 약 8할을 영국과 미국으로부터 수입하고 있던 상황이었다.

이소로쿠 제독은 3국 동맹 체결(1940. 9. 27)의 소식을 듣고, "해군이 육군과의 싸움을 피하기 위해 3국 동맹을 맺었다고 하나, 나라는 내란으로 멸망하지 않고 전쟁으로 멸망한다. 내란을 피하기 위해서 (미국과 영국을 상대로) 전쟁을 하는 것은 주객 전도이다."라고 비판했다.

그러나 1941년 10월 개전론자이자 육군의 지지를 받는 도조 히데키가 수상이 되자 일본이 태평양으로 팽창해 나가기 위해서는 미국이 유일한 걸림돌이라고 판단하고 내각은 미국과의 개전을 결정(1941.12.1)하게 된다.

이전부터 삼국 동맹을 체결한 일본이 중국에 이어 프랑스령 인도차이나까지 점령(1941. 7)하는 등 일본의 팽창주의가 강화되자 미국은 일본에게 강한 경고를 보낸다.

미일 양국은 경색된 외교 관계를 타개하기 위해 1941년 4월부터 교섭을 진행하나 해결 기미가 없자, 미국은 일본에 대한 석유 수출 금지에 이어 영국·중국·네덜란드 등 3국과 협력하여 경제 봉쇄(ABCD 포위망)를 단행하고, 11월 말에는 미국의 헐 국무 장관이 '중국 및 프랑스령 인도차이나에서 전면 철수'를 요구하는 최후 통첩이라고 할 수 있는 '헐 노트'를 일본 측인 노무라 주미 일본 대사에게 제시(1941. 11. 26)하자 협상은 파국을 맞게 된다.

비록 미국과의 개전에는 반대했지만 내각에서 결정한 사항에 대해서는 명령을 받아 승리로 이끄는 것이 군인의 본분임을 알고 있는 야마모토 이소로쿠 제독은 미일 양국 간의 국력 차이를 냉정하게 분석해서

'단기 결전 – 조기 평화'라는 작전 계획을 입안한다.

1941년 여름 일본의 총력전 연구소는 육해군 합동의 도상 연습을 통해 일본이 미국과의 전쟁에서 장기전에는 승산이 없다고 결론을 내린 바 있다.

야마모토 이소로쿠 제독은 미국의 석유 금수 조치(1941.8.10, 당시 일본은 미국에 석유를 76.9% 의존)에 대체할 수 있는 석유가 동남 아시아에서 확보되어도 미국과의 개전 이후 조기에 강화 협상을 추진하기 위해서는 미국 측에 정치적인 영향을 줄 정도로 대승리가 필요하다고 친구에게 언급한 적이 있다.

개전이 불가피해지자, 이소로쿠 제독은 미군 측 태평양 함대 사령부가 있는 진주만을 공습하여 기선을 제압해야만 제해권을 장악할 수 있다는 판단 아래, 1940년 3월부터 이듬해 여름까지 기습 작전 계획을 수립한다. 또한, 진주만과 수심 및 지형이 비슷한 가고시마 현 금강만錦江灣에서 항공기의 모의 공습 훈련을 거듭 실시하였는데 이 훈련은 실전에서 충분한 효과를 발휘하였다.

1941년 11월 26일, 함재기 414대를 적재한 항공 모함 6척·전함 2척·순양함 4척·구축함 9척·잠수함 3척·유조선 8척으로 편성된 야마모토 이소로쿠 제독이 지휘하는 연합 함대 사령부는 일본을 출발하여 12월 7일(일요일, 현지 시간) 미국 해군 기지가 있는 하와이 진주만에 도착한다. 그리고 동일 새벽 3시 25분, 항공기를 이용한 폭격으로 진주만에 정박해 있던 미 태평양 함대 사령부가 보유하고 있는 다수의 전함을 괴멸시키는 타격을 입힌다.

일본 항공 모함에서 발진한 350여 대의 함재기들은 진주만에 정박해 있던 대부분의 미국 측 함대들을 격침시켰다.(아리조나 호 등 전함 4척, 전투함 18척, 항공기 188대, 사망자 2,403명, 부상자 수천 명)

그러나 진주만에 배치되어 있을 것으로 알았던 항공 모함은 이미 바다에 나가 있었으며, 인근의 유류 저장고 등 기간 시설을 파괴하지 못함으로써 미 해군의 빠른 재기의 단초를 만들어 주었다.

특히, 항공 모함을 발견하지 못함으로써 일본 해군으로서는 2차 공격에 신중을 기할 수밖에 없었는데, 1차 공격으로 적군에게 충분한 타격을 주었다고 판단하고 귀환한다. 언제, 어디에서 미국 측 항공 모함이 출현할 지 알 수 없었기 때문이었다. 이소로쿠 제독은 격침 목표였던 항공 모함을 하나도 파괴하지 못한 것을 알고 나서, 잠자는 사자인 미국의 반격이 조만간 이루어질 것을 예측했을 것이다.

이렇게 이소로쿠 제독이 진주만 기습 작전을 세우게 된 계기는, 평소 기동력 있는 항공 전력의 중요성을 알고 있었던 데다가, 1940년 영국 해군이 항모에 적재된 항공기를 이용하여 이탈리아 해군에 대한 공격에 성공했다는 사실을 접하고, 앞으로 단행할 미국과의 군사 작전에 확신을 갖게 되었다.

당초 일본 군부 내에서는 진주만 공격에 대해서 장거리 이동에 따른 연료 보급 문제와 공격 효과의 불충분 등 여러 가지 이유를 들어 해군 군령부軍令部의 반대가 심했다. 그러나 이소로쿠 제독은 개전 초기에 미국 해군과 미국민들에게 큰 타격을 주어야 승산이 있다고 보고 연합 함대 사령관의 직함을 걸고 군령부 등을 설득하여 작전 승인을 받아 냈던 것이다.

한편, 같은 날 일본 육군의 제25군은 말레이 반도에 상륙하고, 대만의 일본군 항공 기지에서 발진한 항공대는 수일 만에 필리핀의 제공권을 장악한다. 이듬해 2월에는 영국령 싱가포르가 함락되고, 3월에는 필리핀에서 미군의 맥아더 사령관이 탈출하는 등 일본군은 서태평양의 제공권과 제해권을 수중에 넣는다.

다시 말해, 일본은 미국 측의 석유 금수 조치와 중국 내 일본군 전면 철수 요구 등으로 전쟁이 불가피해지자, 해군을 통해 진주만을 기습하고 육군을 이용하여 말레이 반도에 상륙함으로써 네덜란드령 인도네시아에서 석유와 영국령 말레이 반도에서 고무를 확보하고 해상 루트의 길목인 싱가포르의 말레카 해협 봉쇄 등으로 미국과 영국 등을 적으로 하는 전면전을 선포한 것이다.

미국 측의 평가에 의하면, 일본군의 진주만 기습은 결점이 없는 공격 작전이었으며, '야마모토 이소로쿠'라는 해군 제독의 이름을 전 세계에 알리는 계기가 되었고, 한편으로는 미국 해군으로 하여금 복수심에 불타게 만드는 계기가 되었다고 했다. 루즈벨트 대통령도 진주만 폭격을 받은 당일 라디오 연설을 통해 "오늘은 가장 치욕적인 날이다."고 하면서 진주만을 기억하자고 호소하였다.

오늘날 미국은 2차 대전 승리 후 진주만에서 격침된 전함 아리조나호를 기리는 전쟁 기념관(USS Arizona Memorial)을 만들어 당시의 전쟁 상황을 국민들에게 알리고 있다.

나중에 미국은 일본 본토 공습 시, 시골이라고 할 수 있는 야마모토 제독의 고향인 니이가타 현 나가오카 시를 공습한 적이 있는데 그것은 진주만 기습에 대한 복수였다는 말이 회자되고 있다. 심지어 진주만 기습 공격 직후 일본에서 야마모토 이소로쿠 제독에 대한 인기는 군신軍神으로까지 격상될 정도였다.

하지만, 이소로쿠 자신은 이런 칭찬을 싫어했다. 사망 후 고향에서 그를 추모하는 신사를 세우려는 움직임이 있었으나, 그를 잘 아는 친구들로부터 이것은 이소로쿠가 진정으로 원하던 바가 아니라고 하여 포기한 적이 있다.

미드웨이 해전의 패배로
제해권을 미국에 내주다

1942년 4월부터 미군 항공 모함으로부터 발진한 항공기들의 일본 본토에 대한 폭격(일명 미군의 전략 폭격 작전으로 불림)이 시작되었는데, 그 피해는 그렇게 크지 않았으나 일본 국민들이 느끼는 심적 충격은 매우 컸다.

일본 해군은 미 해군이 일본 영해로 들어오지 못하도록 하는 작전 계획을 세우는데 그 전초 기지로서 미드웨이 섬을 주목한다. 본토 방위를 담당하는 일본 육군도 태평양 상으로 방위선을 확장하기 위한 미드웨이 공격 작전을 지지하게 된다.

또한, 진주만 기습에 이어 미드웨이 점령 작전에서도 승리함으로써 미국 해군과 미국민의 전의를 상실시켜 조기에 전쟁을 종결시키려고 하는 의도도 반영되었다.

적성赤城 · 가하加賀 · 비룡飛龍 · 창용蒼龍 등 항공 모함 4척, 함재기 285

대를 근간으로 하는 제1기동 부대(사령관 : 나구모 추이치, 南雲忠一)가 1942년 5월 27일 히로시마를 출항하여 미드웨이 공략 작전의 임무를 띠고 출격하였다. 전함 야마토大和를 비롯하여 이소로쿠 제독이 이끄는 주력 부대도 5월 29일 제1기동 부대와 550킬로미터 떨어진 후방에서 따라 붙기 시작했다. 이렇게 함대 간 간격을 멀리 두고 이동했던 것은 발신하는 전파원을 상대편에게 들키지 않도록 하기 위함이었다.

그러나 일본 측은 미 해군에 대한 정보 판단에서 "미 항모의 출현 가능성은 없다."라고 인식하고 있었다. 더욱이 일본 해군은 미 항모의 출현에 대비하여 정찰 임무를 맡을 11척의 잠수함 가운데 예정대로 배치한 것은 단 1척에 불과했다. 그러나 미군은 이미 일본 해군의 암호를 해독하고 있었으며, 수일 전부터 미 해군의 함대는 미드웨이 섬의 주변에서 일본군을 기다리고 있었다.

운명의 날인 6월 5일 오전 1시 30분, 미드웨이 섬을 공격하는 공격기와 함께 미 함대를 찾는 7대의 정찰기가 발진할 예정이었으나, 3대만이 발진하였고 30분 뒤늦게 발진했던 정찰기로부터 '적으로 보이는 함대 10척 발견'이라는 정보가 날아든 것은 4시 28분이었다. 그러나 미군은 3시에 이미 일본 해군의 기동 부대를 발견하고 있었다.

일본 측 제1기동 부대가 적 함대 발견의 정보를 접했을 때, 항공기에 장착되었던 항모 공격용 어뢰를 미드웨이 섬의 비행장 및 지상 시설을 공격하기 위한 육상용 폭탄으로 전환하는 도중이었다.

나구모 추이치 사령관이 미 함대에 대한 공격을 결정하자, 4척의 항모에서 폭약 장치를 원래대로의 어뢰 공격용으로 돌리기 위한 작업이 시작되었다. 그러나 교체 작업 도중에 미군 폭격기로부터 기습 공격을 받게 된다.

항모 비룡飛龍에 있던 제2항공 전대의 야마구치 타몽 사령관은 나구모 사령관에게 "즉시 공격대 출격이 필요하다."는 의견을 내놓았다. 항모 간 전투에서는 선제 공격대에 의한 비행 갑판甲板의 파괴가 결정적으로 중요하기 때문이었다.

그러나 적기가 공습해 오기까지에는 시간이 있을 것이라고 오판한 나구모 사령관과 겐다 참모는 이 의견을 무시하고 미드웨이 섬의 공격으로부터 돌아오는 제1차 공격대의 수용收容을 우선시했다.

작전을 지휘했던 나구모 사령관은 전문 영역이 수뢰전水雷戰으로 일순간의 승부로 전세를 결정짓는 항공 전투에는 문외한이었기 때문에 결단을 내리기가 어려웠을 것이라는 설이 있다.

그로부터 약 1시간 후 적성赤城 · 가하加賀 · 창용蒼龍 등 3개 항모는 미군의 급강하 폭격기의 융단 폭격에 의한 화재로 항행 불능 상태에 빠졌으며, 기동 부대에서 유일하게 남았던 비룡飛龍도 동일 오후 2시 이후 미군기의 공습으로 항행이 어렵게 되었다.

공격의 주력인 4척의 항공 모함이 미군기의 선제 공격으로 격침되는 운명을 맞아 육상 공격을 하고 돌아오는 일본군 비행기가 착륙할 수 없는 상황이 발생하는 등 피해가 확대되었다. 미군 측 피해는 항모 1척이 침몰하는 데 그치고 반나절 만에 전투는 끝났다.(전사자 피해 : 일본군 3,057명, 미군 307명)

결국 야마모토 이소로쿠 연합 함대 사령관은 동일 23시 55분 전군 철수 명령을 내린다. 역사에서 가정이란 있을 수 없지만, 일본 측에도 승기勝機는 있었다. 만약 일본이 이 기회를 놓치지 않고 미군의 기습 공격을 눈치채고 이에 대응했더라면 전세를 역전될 수도 있지 않았을까.

전투 전날인 6월 4일 밤 전함 야마토는 미드웨이 해역에서 발신되는 미 해군 항모의 통신으로 보이는 호출 부호를 도청하였다.

연합 함대는 작전 행동을 숨기기 위해 무선 사용을 금하고 있었는데, 이소로쿠 제독은 "제1기동 부대에 알려 주는 게 어떤가?"라고 제안했으나, 참모인 사사키 및 쿠로시마는 그럴 필요가 없다고 하여 이소로쿠 제독도 더 이상 말하지 않았다고 한다.

당시 연합 함대는 항모 6척을 운용하고 있었는데, 미드웨이 공격에 4척을, 알류산 열도 공격에 2척을 나누어서 공격하는 작전을 취했다.(당시 일본에는 9척의 항공 모함이 있었으나, 정규 항모는 6척이었고 나머지 3척은 상선을 개조하여 공격력이 떨어진 실정이었다)

미국 태평양 함대 사령관 니미츠(Chester.W.Nimitz) 제독은 회고록에서 일본 해군의 패인에 대해 "알류산 열도에 파견한 항모 2척을 미드웨이 해전에 가세시켜야 했으며, 미드웨이에서 승리했다면 쉽게 알류산 열도도 장악할 수 있었을 것이다."고 술회한 바 있다.

태평양 상에서 항모 6척을 가진 연합 함대는 3척을 가진 미군보다 수적 우위에 있었는데도, 항모 전단의 운영을 한 곳으로 집중하지 못하고 공격 타깃을 미드웨이 섬과 알류산 열도로 분산시킨 데다가 적국의 항모가 출현하지 않을 것이라는 선입견을 가지고 있었던 것이다.

다시 말해, 적 항모 출현이라는 긴급 사태 발생에 대응한 계획을 세우지 않았던 것은 진주만 기습 성공 등으로 적을 얕잡아 본 교만심이 원인이 아닌가 하는 평가도 적지 않다.

한편, 전투 당시 일본군은 주력함이 수백 킬로미터나 떨어져 있었고 악천후로 인해 통신마저 두절되어 함대 간 연계성 있는 합동 작전도 어려웠다.

또한, 야마모토 사령관이 작전을 위임한 나구모 제1기동 부대 사령관의 지휘마저 미 해군의 기동성 있는 작전에 비해 열세를 보임으로써 결국 항공 모함 4척과 수십 척의 순양함은 물론 실전 경험이 풍부한 300여 명의 베테랑급 항공 조종사를 잃는 대참패를 겪었다.

야마모토 이소로쿠 제독은 후방에 있던 주력 전함 야마토에 승선해 있었는데, 대패했다는 소식을 보고받고도 두고 있던 장기를 멈추지 않았다고 한다. 나중에 나구모 사령관 등 휘하 지휘관에 대한 책임 문제가 대두되었을 때, 모든 책임은 자신에게 있다며 부하 지휘관들에 대한 문책을 막으려고 애썼다.

미드웨이 해전을 통해 일본 해군은 진주만 개전 후 6개월여 만에 태평양 상에서의 제해권을 미 해군에게 내주게 된다. 일본으로서는 대동아 공영권大東亞共榮圈이라는 명분하에 동남아와 서태평양 국가들에 대한 침략으로 영토 확장에 혈안이 되었는데, 바다를 통한 통행 확보에 미 해군이라는 큰 장애물이 생겨났음을 의미했다.

무릇 세계적으로 경제적인 부를 누리려는 국가는 해상 지배라는 제해권이 확보되어야 함은 말할 필요가 없다.

로마 시대의 옥타비아누스가 안토니우스·클레오파트라 연합군을 격파한 악티움 해전(BC31. 9. 2)이나 베네치아·제노바·스페인의 기독교권 연합 함대가 이슬람권의 오스만 터어키를 물리쳐 기독교 문명권인 유럽의 부흥 계기를 마련했던 레판토 해전(1571. 10. 7)도 67년 전의 미드웨이 해전과 별반 차이가 없다고 할 수 있다.

미군은 미드웨이 해전 승리 이후 중부 태평양 상에 있는 솔로몬 군도의 작은 섬인 과달카날 섬에 해병대를 상륙시켜 일본군 공격의 교두보를 확보하려고 하였다.

미군의 과달카날 확보 작전은 1년여 간에 걸쳐 수차례의 해상 및 육상 전투를 통해 성공(1943. 2. 1)하게 되는데 일본으로서도 미국과 오스트레일리아를 연결하는 병참선을 끊어야 하는 차원에서 양보할 수 없는 거점이었다.

이에 따라, 야마모토 이소로쿠 제독은 과달카날 섬에 함대를 증파하는 한편, 자신도 부겐빌 섬의 전선을 시찰하기 위해 1943년 4월 18일 오전 6시 라바울에서 비행기로 출발할 것을 계획한다.

그러나 미군은 미드웨이 해전 이후 일본군의 극비 전문을 도청·해독하고 있었는데, 사전에 이소로쿠 제독의 전선 시찰 일정을 상세하게 탐지하게 된다. 발신인은 쿠사카 진이치 동남 방면 함대 사령관과 미카와 군이치 제8함대 사령관이 연명한 발신 내용이었다.(전문 번호 : 동남방면 함대 기밀 제131755번)

태평양 함대 사령관 니미츠 대장을 비롯한 미군 수뇌부는 이소로쿠 제독을 일본 해군의 우상이자 최고 전략가이며 일본 국민들의 대미 항전의 사기에 큰 영향을 줄 인물로 판단하면서도 "만약 이소로쿠 제독을 사살할 경우 그보다 더 우수한 지휘관이 등장할 것이냐?"에 대한 논의를 한 결과, 사살하는 쪽이 미국 측에 유리하다는 결론을 내린다.

동 건에 대해서는 사안의 중대성을 감안하여 루즈벨트 대통령의 재가를 받은 상태였다.

이에 따라, 미 육군 항공대는 장거리를 비행할 수 있는 록히드 사社가 제작한 P-38 라이트닝 전투기로 이소로쿠 제독을 태운 항공기를 공격하기로 하고 시찰 예정 날짜보다 며칠 앞서서 P-38 비행 편대를 라바울 상공으로 출격시킨다. 미리 출격시킨 이유는 암호 해독을 숨기기 위한 방편이었다. 급기야 미 항공 편대는 이소로쿠 제독이 탑승한 항공기를 격추(동일 오전 8시)시킨다.

당시 일본 측은 이소로쿠 제독이 탑승한 1번 기와 참모장이 탑승한 2번 기를 호위하는 6기의 전투기가 뒤따른 반면, 미군 측은 16기를 보내서 맞이하였다. 당시 참모들은 이소로쿠 제독에게 20기 정도로 호위할 것을 제안했으나, 전투기는 전투에 사용해야 하므로 수를 줄이라고 지시했다.

일본 군부는 군인들과 국민들의 대미 항전에 대한 사기 등을 고려하여 한 달 동안 해군 갑사건海軍甲事件이란 이름으로 이소로쿠 제독의 죽음을 비밀에 붙였다가 5월 21일 대본영大本營으로부터 이소로쿠 제독의 전사를 발표하고 원수의 칭호를 부여한다.

이소로쿠 제독의 장례식은 러일 전쟁의 영웅, 도고 헤이하치로의 장례식과 동등하게 도쿄 히비야 공원에서 6월 5일 국장으로 치러졌으며,

독일에서는 검과 함께 철십자 훈장이 수여되었다. 독일내에서 이 훈장의 수혜자는 모두 159명으로 이소로쿠 제독은 유일한 외국인 수상자였다. 또한, 이소로쿠는 역대 해군 사령관 중 유일한 전사자이기도 하다.

그의 유골은 고향 나가오카로 보내져 장흥사長興寺의 야마모토 가문의 묘소에 봉안되었는데 지금도 헌화의 발길이 끊이지 않고 있다.

당시 일본 군부에서는 내부적으로 "야마모토 제독의 죽음은 1개 사단 병력을 잃은 것과 같다."고 평가했다는 설도 있다.

미국도 이소로쿠 제독이 탑승한 항공기의 격추 사실을 공표하지 않았다. 이소로쿠의 항공기 격추로 미국의 암호 해독 사실이 발각되면 일본군은 암호를 변경할 것이 분명했기 때문이다. 이러한 미군의 의도는 그대로 들어맞아 일본군은 암호를 바꾸지 않고 종전 시까지 그대로 사용하게 된다.

시시각각 변하는 세계 정세를 주시하라.

야마모토 이소로쿠 제독은 바다 위 함대에서는 손자 병법을 자주 읽었고, 오랜 항해에서 돌아와서도 뭍에 오르기보다는 함대에 머무르는 경우가 많았으며, 함상 생활에서도 오후 9시 취침·오전 6시 기상 시간을 철저히 지키면서 부하들에게 폐를 끼치지 않으려고 하였다.

함대 안에서 마주치는 부하들이 제목을 보고 경례를 하면 반듯하게 거수 경례로 답례하였고, 출격하는 조종사들에게는 모자를 벗어 환송하는 등 장병들로부터 절대적인 신임을 받는 인정이 많았던 인물이었다.

야마모토 이소로쿠 제독이 도쿄에 근무 시, 신바시의 화류계를 드나들 때에도 기생들에게 꽤 인기가 좋았을 정도로 인간미가 넘치는 그는 접촉하는 사람들마다 반하게 만드는 묘한 매력을 갖고 있었다고 한다.

이런 그의 인간적인 모습 뒤에는 정세를 파악하는 날카로운 국제적 감각이 숨어 있었다.

신에츠 화학 공업 카나가와 치히로 사장은 야마모토 이소로쿠 제독은 "앞일을 예측하며, 단기·중기·장기의 계획을 세워가면서도 시시각각 변화하는 정세를 주시하면서 자신의 생각을 수정하고, 필요하다면 자신이 했던 말일지라도 변경하는 용기를 가지고 있었다."고 언급하면서, 우리는 바로 이점을 교훈삼아야 한다고 했다. 이 부분은 경영자들에게 귀감이 될 것이다.

다시 말하면 군대를 지휘하는 사령관과 같이 회사 경영에서도 사장이 우둔한 결정을 내리면 종업원이 아무리 열심히 일을 한다고 해도 어려움에 빠질 수 있다는 점을 경영자로서 명심해야 한다고 강조한 것이다.

알아두면 좋은 일본 이야기

*가나다 순으로 실었습니다.

다이묘

10~19세기 후반까지 일본의 각 지역을 다스렸던 지방 유력자를 말한다. 다이묘daimyo란 말 자체가 '크다'는 의미의 다이大와 '지방 영주의 이름을 딴 영지의 명칭'이란 뜻의 묘名가 합해진 단어로, 이들은 자신들의 영토를 기반으로 지역민들에게 절대적인 영향력을 행사하였다. 절정기 때 다이묘들은 자신이 다스리는 지역의 사법권, 통치권, 군사권, 징세권 등의 모든 권한을 갖고 마치 왕처럼 행동하였다.

초기에 이들은 자신들의 토지 내의 농민을 지키는 우두머리 무사武士라는 정도의 지위를 가졌다. 하지만 헤이안 시대 말인 12세기에 들어서면서 이들의 지위는 점차 상승하기 시작했다. 지방 치안을 위한 공권력이 없는 상황에서 지방 무사계급의 중요성은 점차 커졌던 것이다. 이후 가마쿠라막부 시기에 일부는 지방 영토의 사법권 및 행정권까지 얻었다. 가마쿠라막부가 무너지고 들어선 무로마치막부 시기에는 지역의 경제까지 권력이 확대되었다. 연구자들은 이때부터 다이묘란 명칭이 적극적으로 쓰이기 시작했다고 보고 있다.

16세기와 17세기에는 전쟁을 통하여 강한 다이묘가 인근의 약한 다이묘의 영토를 장악하는 일이 빈번해졌다. 이때부터는 연간 1만석 이상의 쌀을 수확하는 영주만이 다이묘로 불렸다. 17세기 초 에도 시대가 열리면서 대부분의 다이묘가 서약을 통해 도쿠가와 막부의 우두머리인 쇼군 아래로 편입되었다. 이 시기 다이묘들은 가신들을 거느리며 쇼군으로부터 분할 받은 영지의 성에서 자유롭고 풍요롭게 살았다. 쇼군은 다이묘를 통제하기 위해 다이묘들을 일정 기간 쇼군의 영지에 와서 살도록 했으며, 다이묘 영지 내에서도 막부가 세운 법률을 준수하도록 했다.

18세기 후반 에도막부가 무너지고 메이지 정부가 들어선 이후 다이묘들의 입지는 매우 좁아졌다. 1867년 에도막부의 마지막 쇼군이 천황에게 권한을 넘긴 대정봉환大政奉還을 계기로 변화의 바람이 불면서 다이묘들은 개인적으로 소유하던 영지를 천황에게 귀속시켜야 했다. 1871년 다이묘 영지 제도는 완전히 폐지되었고, 다이묘들은 기존의 권한을 잃고 궁중 귀족인 구게公家와 함께 화족華族이란 귀족으로 분류되어 연금을 받으며 살았다.

대정봉환(大政奉還)

15대 쇼군인 도쿠가와 요시노부가 메이지 천황에게 통치권을 반납했던 왕정 복고 사건을 지칭하는 '대정봉환' 이란 용어는 지금도 일본 사회에서 자주 사용되고 있다.

가령, 2008년 말 미국 발 금융 위기로 인해 도요타 자동차마저 경영 위기에 직면하자 와타나베 사장 중심의 전문 경영인 체제에서 도요다 아키오 부사장 중심의 창업자 가계가 관장하는 체제로 전환할 방침을 발표하자 언론에서는 "10년 앞을 내다본 대정봉환"(일간공업신문 2008. 12. 24)이란 제목으로 기사를 쓰고 있다.

우리 언론에서도 "난세에는 오너 경영 필요-도요타 '대정봉환' 환영"이라는 제하의 기사(한국경제신문 2009. 2. 27) 등이 게재된 바 있다.

도자기–조선 도공이 만든 도자기, 아리타야키(有田燒)

히데요시 군은 조선을 침략하여 다양한 문화적인 충격을 겪었다. 이중 가장 큰 소득이라면 도자기를 빚는 도공陶工의 확보였다. 일본군은 이들을 포로로 잡아 일본으로 이송했는데, 당시 일본은 도자기를 만들 수 없어 대륙으로부터 수입에 의존하고 있었고 서민들의 식기는 나무를 파서 만든 주발에다 밥을 먹을 정도로 열악했다.

조선을 침략했던 각지의 다이묘大名들은 일본의 식기와 비교할 수 없이 질 좋은 조선의 도기에 눈독을 들였고, 닥치는 대로 도공 들을 잡아갔다.

일본에서 도자기가 제조되는 시기는 임진왜란으로부터 20년 이상이 지난 1616년경이었다. 도공들이 붙잡혀와 조선에 출병했던 다이묘大名의 보호 하에 도기와 자기의 제작에 몰두하게 되는데 도자기 원료인 고령토를 구할 수 있는 장소를 발견하지 못해 제작 기간이 늦어지게 된 것이었다.

이후 도자기 제조에 적합한 토양을 발견한 사람이 이삼평李三平이란 도공이었다. 1593년 사가 번佐賀藩 다이묘인 나베시마 나오시게鍋島直戊가 납치해 온 사람으로, 지금의 규슈 지방 사가 현佐賀縣에 위치한 아리타有田의 이즈미산泉山에서 도자기에 적합한 토양을 발견해 도자기 굽기에 성공하는데, 이것이 오늘날 '아리타야키' 有田燒의 탄생인 것이다. 아리타야키는 인근의 이마리항伊萬里港으로부터 배로 일본 국내외로 수출되어 '이마리야키伊萬里燒'라고도 불린다. 아리타야키는 대대로 일본 황실에 식기와 다기를 공급해 오고 있는데, 영국의 웨지우드Wedgwood · 미국의 레녹스Lenox · 덴마크의 로얄 코펜하겐Royal Copenhagen 등과 더불어 세계적인 명품 도자기의 반열에 올라 있다.

막부

12세기에서 19세기까지 쇼군을 중심으로 한 일본의 무사 정권을 가리키는 말이다. 초기에는 군사 지휘 본부라는 의미였으나 군사령관인 쇼군이 실질적인 국가의 통치자가 되고 그의 본부가 정치, 행정, 경제권을 장악하면서 정부라는 뜻으로도 쓰이기 시작했으며, 19세기 후반 메이지 유신으로 인해 사라졌다. 일본의 역사에는 크게 세 개의 막부(가마쿠라 막부, 무로마치 막부, 도쿠가와 막부)가 있었다.

무뎃포(無鐵砲)

나가시노 전투에서 조총(鐵砲, 뎃포)으로 무장한 노부나가 군대는 다케다 신겐의 사후 그의 아들 가츠요리가 이끄는 당시 최강의 기마 군단을 궤멸시킨다. 다케다 家의 패인은 조총을 가지지 않았던 것(無鐵砲, 무뎃포)에 있었는데, 지금도 한일 양국에서 '무모하게 도전하는 모습'을 가리키는 말로 사용되고 있다.

메이지 유신

일본의 메이지 유신은 메이지 왕 때 새로운 개혁을 이룬 것을 말한다. 유신維新이란 말의 뜻을 알면 의외로 쉽게 이해할 수 있다. 유신維新이란 낡은 것을 새롭게 고치는 것을 말한다.

미국의 페리 제독이 함대를 이끌고 일본에 압력을 행사하기 전까지 일본은 근대와는 거리가 먼 형편이었다. 1853년 미국의 동인도 함대 사령관 M.C.페리 제독이 미국 대통령의 개국開國 요구 국서를 가지고 일본에 왔다. 이후 일본은 미국을 비롯하여 영국·러시아·네덜란드·프랑스와 통상 조약을 체결하였다. 그러나 이 조약은 칙허 없이 처리한 막부幕府의 독단적 처사였으므로 반막부 세력이 일어나 막부와 대립하는 격동을 겪었다. 그러다가 300여 년 내려오던 막부가 1866년 패배하였고, 1867년에는 대정봉환大政奉還·왕정 복고가 이루어졌다.

메이지 정부는 학제·징병령·지조 개정地租改正 등 일련의 개혁을 추진하였다. 부국 강병의 기치하에 자국의 실정을 고려하지 않은 채 서양의 근대 국가를 모델로, 정부 주도로 일방적 자본주의 육성과 군사적 강화에 노력하여 새 시대를 열었다.

이 유신으로 일본의 근대적 통일 국가가 형성되었다. 경제적으로는 자본주의가 성립하였고, 정치적으로는 입헌 정치가 개시되었으며, 사회·문화적으로는 근대화가 추진되었다. 또, 국제적으로는 제국주의 국가가 되어 천황제적 절대주의를 국가 구조의 전 분야에 실현시키게 되었다.

메이지 유신에 성공해 근대화를 이룩한 일본은 서양 열강에 대해서는 계속적으로 저자세를 취하였으나 아시아 여러 나라에 대해서는 강압적이고도 침략적인 태도로 나왔다. 1894년의 청일 전쟁, 1904년의 러일 전쟁의 도발은 그 대표적인 예이며, 그 다음 단계가 무력으로 조선을 병합한 것이다.

미드웨이 작전 – 한도우 가즈도시(半藤一利)가 본 미드웨이 작전의 실패 요인

쇼와 시대 역사(昭和史) 연구에 정평 있고 '문예춘추' 편집장 등을 역임한 작가 한도우 가즈도시(半藤一利)는 일본 해군의 미드웨이 작전의 실패 요인을 아래와 같이 들고 있다.

- 이소로쿠 연합 함대 사령관은 미 해군 기동 부대를 격퇴하려 하였으나, 명령을 내리는 군령부는 미드웨이 섬 점령으로 변화시키는 등 공격 작전 상 '우선 순위의 애매성'과 두 마리 토끼를 쫓는 결과를 초래한 '목적의 이중성'
- 미드웨이 작전의 리스크가 높은데도 불구하고, 미 해군을 찾아내고 찾아낸 미 해군의 위치를 알릴 아군끼리의 신속한 연락 및 상호 지원 체계가 불충분했던 '복잡한 작전'
- 전투 상황이 변하는데도 작전 계획을 재검토하지 않은 '계획 단행의 무모성'

286

- 적을 발견했을 때 가능한 빨리 항공기를 발진시켜야 했던 '공격 결단의 지연'
- 미 항공 모함(3척) 및 그것을 호위하는 순양함(8척)과 구축함(17척)이 가까이 포진하고 있었음에도 불구하고, '항모는 근처에 없다.'고 인식한 '집단 최면적인 선입관'
- 작전을 총지휘했던 사령관에 항공 전투 경험이 빈약한 지휘관의 기용 등 작전 직전에 대폭적인 인사 교체를 실시한 '인사의 실패'
- 저국 군인들이 사용하는 암호가 해독되는 등 정보 보안의 중요성을 태만히 했던 '정보의 누설'
- 진주만 기습 등 연전 연승이라는 성공 체험이 나태함을 초래한 '교만'

위와 같은 이유를 들면서, 일본 해군의 미드웨이 작전 실패는 기업 CEO들의 비즈니스 경영에서도 일어날 수 있는 상황이라고 지적하고 있다.(주간 다이아몬드, 2008. 10. 25)

사립 학교 – 일본의 개혁을 주도하는 사립 학교 출신들

일본은 국가적인 대변혁에 직면할 때마다 사립 학교私塾의 출신자들이 개혁을 주도하곤 했다. 그 대표적인 곳으로 요시다 쇼인吉田松陰이 야마구치 현 하기萩에 세웠던 쇼카손주쿠松下村塾와 후쿠자와 유키치福澤諭吉의 게이오 의숙(慶應義塾, 현 게이오 대학), 오오쿠마 시게노부大重信의 와세다 대학早稻田大學 등을 들 수 있다.

최근에는 일본의 정치 명문가인 하토야마鳩山 가문의 4대째인 하토야마 유키오(鳩山由紀夫, 민주당 총재 역임) · 구니오(鳩山邦夫, 자민당의원, 법무상 역임) 형제가 정파를 초월해 '제2정경숙'을 설립하려는 기운이 감돌고 있다.

참고로 정치 명문 하토야마 가문의 1대 가즈오는 중의원 의장, 2대 이치로는 수상, 3대 이이치로는 외상, 4대 유키오 · 구니오 형제는 현재 여야 중진 의원으로 활동 중이다.

사무라이

사무라이는 일본 봉건 시대의 무사武士를 뜻한다. 본래는 가까이에서 모신다는 뜻에서 나온 말로써 귀인을 경호하는 사람을 뜻했으나, 이후 일반적인 무사를 가리키게 되었다.

쇼군

일본의 역대 무신 정권武臣政權인 막부幕府의 수장首長을 가리키는 칭호이다. 1192년 가마쿠라막부鎌倉幕府의 우두머리가 된 미나모토노 요리토모源賴朝가 세이이 다이쇼군征夷大將軍이라는 호칭을 사용한 이래, 역대 쇼군은 무신 정권의 장長이라는 개념으로 사용되어왔는데, 그것은 곧 막부의 주재자主宰者를 의미하게 되었다.

무신 정권의 쇼군은 가마쿠라막부와 무로마치막부, 도쿠가와德川의 에도막부 시대에 15대 등 모두 합쳐 약 700년간 지속되었으나 1867년의 메이지유신으로 폐지되었다.

암호 해독 – 암호 해독이 세계 역사를 바꾼 대표적 사례

제1차 세계 대전에서 미국이 독일에 선전 포고하게 된 직접적인 원인은 독일 측의 '무제한 잠수함 작전'으로 인한 미국 상선의 피해가 컸던데 있으나, '짐메르만 전문Zimmermann Telegram' 사건도 미국 국민들의 반독일 정서를 고조시킨데 결정적인 역할을 한다.

'짐메르만 전문' 사건이란 제1차 세계 대전 중에 독일 외무장관 짐메르만이 멕시코 정부에 보낸 외교 전문(1917. 1. 16)이 영국 해군의 첩보부에 의해 감청·해독된 후 미국 정부에 넘겨져 언론에 공개(1917. 3. 1)되자 미국 내 독일을 비난하는 여론이 높아져 윌슨 대통령은 참전을 결정하게 된다.

현대에도 우리에게 가슴 아픈 기억으로 남아 있는 구소련 측의 대한항공 소속 보잉747 여객기 격추 사건(1983. 9. 1, 269명 사망)을 기억할 것이다. 소련 당국은 당초 여객기 격추 사실에 대해 전 세계에 납득하지 못할 이야기만을 늘어놓았다. 그러나 소련 군 당국과 조종사 간의 통신 교신 사실을 알고 있던 미국과 일본은 고민했던 것으로 알려져 있다.

결국, 미국과 일본 정부는 교신 사실을 국제 사회에 공표함으로써 소련 측의 비도덕적인 허위 주장이 증명되기에 이르지만, 이를 계기로 소련 군 당국은 통신 주파수를 변경하는 등 암호 체계를 개편하는 계기가 되었다. 이에 따라 상당 기간 미국과 일본의 구소련에 대한 통신 감청 능력은 감소될 수밖에 없었다.

에도막부

도쿠가와의 성을 따라 도쿠가와막부幕府라고도 한다. 가마쿠라막부나 무로마치막부에 비하여 강력한 지배력을 갖추고 있었다. 전국의 통치권을 장악하였으며, 각처에 할거하는 다이묘大名들을 복속시켜 '막번 체제幕藩體制'라는 지배 체제를 확립하였다.

전국 수확고의 약 4분의 1에 해당하는 직할 영토를 보유하고, 화폐 발행과 주요 도시를 직접 다스리는 등 확고한 경제 기반 위에 5~6만 명에 이르는 막강한 군사력을 지녔다.

우에스기 겐신(上杉謙信)

우에스기 겐신(上杉謙信, 1530~1578년)은 450여 년 전 전국 시대에 우리에게 소설 '설국'으로 유명한 니이카타 현에 해당하는 에치고越後 지방을 다스렸던 다이묘大名이다. 탁월한 전투 능력을 발휘하여 전국 시대의 무장을 평할 때 '에치고의 용' 또는 '군신' 등으로 후세에서 평가받고 있다.

그는 전투에서 천재적인 전략가로서 신속한 용병과 정확한 목표 타격으로 매번 승리를 거둘 수 있었다. 생애 총 70여 회의 전투에서 패배는 겨우 2회 정도에 불과했을 정도로 전국 시대에 다케다 군武田軍과 더불어 일본 최강 군단이라는 소문이 교토에까지 회자될 정도였다.

숙적 다케다 신겐武田信玄도 그를 일본에 둘도 없는 명장수日本無雙之名大將로서 평가하고 있다. 하극상의 혼돈 시대에 의리와 정의감이 강하고 겉과 속이 같았던 무장으로 이름이 높았다.

숙적이었던 다케다 신겐조차도 죽음을 앞두었을 때 아들 가츠요리勝賴에게 "겐신은 의리가 강한 무장이므로 다른 사람의 부탁을 받으면 저버리지 않을 것이다. 어려울 때 자신의 사후를 부탁해도 될 사람이다."고 유언했다는 설이 있다.

한번은 겐신이 내륙에 위치한 다케다 신겐 측 진영에 소금이 떨어졌다는 소문을 듣고 소금을 보내겠다는 의사를 전달한다. 그러나 다케다 신겐은 괜찮다며 호의를 거절한다. 당시 소금은 국민 생활은 물론 병력 유지에 중요한 보급품이었다.

내정內政에서도 백성들의 생활 수준 향상에 노력하였으며 백성들도 자비심 많고 영특한 영주로서 그를 평가하고 있었다.

일본 역사에서는 다케다 신겐과 5차례에 걸친 가와나카지마川中島 전투는 유명하며 그중 제4차 전투는 쌍방이 막대한 사상자를 낼 정도로 치열했던 싸움으로 유명하다.

겐신은 불교에 귀의하여 가르침에 따라 신의를 지키고 대의 명분을 중시하며 깨끗하게 살다간 무장이었다. 또한 당시 영주인 다이묘는 부인 이외에도 첩을 두었는데 겐신은 아내조차 두지 않았다. 겐신이 갑자기 죽게 되자 후계자 분쟁의 불씨를 남기게 되고 결국 누나의 손자(카게가츠, 景勝, 1555-1623)가 뒤를 잇게 되는데 겐신이 이루어 놓은 영지가 줄어드는 등 쇠락의 길을 걷게 된다.

후계자 카게가츠가 지배하던 시기에 도쿠카와 가家의 에도막부가 들어서자 히데요시 가家의 편을 들었다는 이유로 미움을 샀으나 현명한 가신이었던 나오에 카네츠구(直江兼續, 1560~1620, NHK는 동명의 일대기를 대하드라마 '天地人' 제목으로 2009. 1. 4부터 일요일 밤에 방영 중)의 노력에 힘입어 멸문의 화를 면하고 우에스기 가문은 유지된다. 그러나 봉록이 대폭 삭감당하고(120만 석에서 30만 석으로 줄어듦) 춥고 황량한 동북 지방으로 강제 이동을 당해 요네자와 번米澤藩에 정착한다.

요네자와 번으로 옮겨온 우에스기 가家는 겐신을 시조藩祖로 숭상하면서 자부심을 가지고 과거의 영화를 재건하는데 힘썼으며, 에도막부의 멸망 후 5년째인 1872년 요네자와 성 안에 우에스기 신사上杉神社가 창건되고 요잔과 함께 봉양된다.

일본의 근대화

우리나라와 일본의 근대화에 차이가 벌어진 원인의 하나는 개국·개항의 차이에서 비롯된 것이 아닌가 한다. 특히 개혁·개방을 주창했던 우리의 재야 선각자들이 정치 권력을 잡지 못해 실천으로 옮기지 못했던 것에도 원인이 있으나, 대표적인 사례가 이와쿠라 사절단과 같은 것이 없었다고 말할 수 있을 것이다.

우리나라도 청과 일본의 앞선 문물을 시찰했던 영선사와 신사유람단(1881년)이 있었고 서양 사정을 소개한 유길준의 『서유견문(1895년)』이 출간되었으나, 위정 척사를 표방했던 보수적인 지배 계층에게 개방의 필요성을 확산시키는데에는 역부족이었으며, 국민들의 일상 생활에까지 영향을 미치는 정책으로 반영되지 못했다는 점이다.

이와쿠라 사절단岩倉使節團의 견문 결과, 관청·의회·공장·은행·증권 거래소·군사 시설·학교·병원 이외에도 형무소·빈민굴에까지 방문하여 서양 문명을 철저히 관찰하고 기록했다.

구미 전체가 근대화라는 격랑에 휩싸여 있었고 뒤늦은 일본은 호기심과 목적 의식을 가지고 견문하기 시작했는데, 메이지 시대의 부국 강병과 식산 흥업의 정책에 결정적 영향을 끼친다.

재벌 해체

연합군 최고 사령부(GHQ, 1945. 8~1952. 4)가 일본에서 전개한 점령 정책의 하나로서 제2차 세계 대전 당시 일본 군부의 침략 전쟁 수행의 경제적 기반이었던 재벌의 해체라는 경제 민주화 정책이다.

미국 등 연합국은 "재벌이 일본 군국주의를 제도적으로 지원했다."는 인식을 가지고 있었는데, GHQ 경제 과학 국장이 재벌 해체에 관한 입장을 발표(1945. 10. 16)함에 따라 해체 작업이 본격화된다.

미츠이, 미츠비시, 스미토모, 야수다, 후지 산업 등 5사가 1차 해체 대상으로 지정(1946. 9. 6)된 이후, 5차례(2차 40사, 3차 20사, 4차 2사, 5차 16사)에 걸쳐 시행되었으나 한국 전쟁과 센프란시스코 강화 조약 등을 거치면서 미일 관계가 개선되는 가운데 해체된 재벌 그룹의 산하 기업들이 자연스럽게 재결집되었으며, 독점 금지법의 개정에 의해 사실상 재벌 그룹의 부활이 허용되기에 이른다.

조선 통신사 – 조선에서 파견한 외교 사절단

조선 통신사는 임진왜란과 정유재란이 끝난 10년 후 조선에서 일본에 파견하던 국왕의 사절단을 일컫는다.(반대로, 일본이 조선에 파견한 사절을 일본국왕사(日本國王使)라고 함) 1607년부터 1811년까지 총 12회 오갔으며 한 번의 행차에는 400~500명의 인원이 통신사의 수행원으로 참여하고 약 2,000km에 걸친 긴 여정으로 6~9개월이 걸렸다.

본대는 6척의 선박에 호송 선단 50척으로 구성되며 일본에 도착하면 각 번(藩)에서 차출된 200척이 인도하거나 호송을 담당하는 등 일본측은 우리 통신사를 국빈으로 대접했다.

조선 통신사는 중앙 관리 3명으로 구성되고 여기에 기록원인 제술관 · 통역 담당의 역관 · 사진사인 화가 · 의사 · 서예 담당인 사자관 이외 임무 수행 및 문화 교류를 위해 필요한 다수의 음악 · 무용의 명인 등이 더해져

많을 경우 500여 명에 달했다.

조선의 정식 외교 사절로서 우리나라의 앞선 학문과 그림을 비롯해 글씨·책 등 선진 문화를 전파하였으며, 일본 지식인들은 통신사의 수행원들을 만나는 것을 영광으로 여겼고, 거리를 지날 때마다 구경하는 사람들로 인산 인해를 이루었다.

주요 루트는 한양을 출발하여 부산을 통해 한일 간 중간 해역인 쓰시마와 규슈 지방을 거쳐 세토나이카이 등 해로를 통해 히로시마·오사카·교토에 도착한 후 나고야·하마마츠·시즈오카로 이어지는 도카이도東海道의 육로를 통해 목적지 에도江戸에 입성하게 된다.

에도막부는 쇼군의 교체 시마다 쓰시마 도주對馬島主를 통해 통신사의 파견을 요청하고 통신사 일행을 맞이함으로써 국내적으로는 막부의 권위를 세우는 한편, 막대한 비용이 드는 국빈행사를 통해 주요 번藩들의 재력을 소진시켜 중앙 권력에 저항하는 힘을 약화시키는 효과도 가졌다.

조선 측에서 통신사를 파견했던 목적은 임진왜란의 종결을 위한 강화 회의 외에도 포로의 송환 협의·일본 정세의 탐색 등이었으며, 1636년(인조 14년) 이후에는 새로운 쇼군이 취임할 때 축하하는 등 문화 사절의 성격이 강했다.

통신사는 조선 임금의 국서를 전하고 일본 측의 답서를 받아오는 것이 기본 임무였으나, 에도막부 정권은 조선 통신사를 조공 행렬로 조작하려 하였고 조선 통신사는 문화적 우월감을 가지고 맞서는 등 팽팽한 외교적인 기싸움이 지속되었다고 할 수 있다.

400여 년 전의 조선 통신사의 발자취는 지금도 이어지고 있다고 할 수 있다. 조선 통신사가 배를 타고 일본 땅에 처음으로 도착했던 쓰시마 섬 이즈하라嚴原 항에서는 1980년부터 지역 경제 활성화 차원에서 조선 통신사 재현 운동을 전개하고 있는데, 매년 8월 첫째 주말에 치러지는 축제로 이어지고 있다.

〈 임진왜란 이후 파견된 조선 통신사 〉

차례	연대	정사(正使)	인원	주요 기행문
1	1606, 선조40년	여우길	467명	경섬 '해사록'
2	1617, 광해군9년	오윤겸	428명	이경직 '부상록', 오윤겸 '동사상일록'
3	1624, 인조2년	정립	300명	강홍중 '동사록'
4	1636, 인조14년	임광	475명	임광 '병자일본일기', 김세렴 '해사록', 황호 '동사록'
5	1643, 인조21년	윤순지	462명	조경 '동사록', 신유 '해사록', 미상 '계미동사일기'
6	1655, 효종6년	조형	488명	남용익 '부상록'
7	1682, 숙종8년	윤지완	475명	홍우재 '동사록', 김지남 '동사일록'
8	1711, 숙종37년	조태억	500명	임수간 '동사일기', 김현문 '동사록'
9	1719, 숙종45년	홍치중	479명	신유한 '해유록', 홍치중 '해사일록', 정후교 '부상기행'
10	1748, 영조24년	홍계희	475명	조명채 '봉사일본시견문록', 미상 '일본일기', 홍경해 '수사일록'
11	1764, 영조40년	조엄	472명	조엄 '해사일록', 김인겸 '일동장유가'
12	1811, 순조11년	김이교	336명	김선신 '도유록', 유상필 '동사록'

(출처 : 중앙일보, 2007.4.13)

조총 - 일본의 신무기

나가시노 전투로부터 17년 후인 1592년 4월 13일 노부나가의 뒤를 이은 도요토미 히데요시의 침략군 15만 8,000명이 부산 동래성을 시작으로 조선에 쳐들어왔다. 4월 27일 신립(申砬) 장군이 충주 탄금대에서 배수진을 치고 창과 화살로 대적할 때, 이미 왜군은 화승총과 대포로 무장한 철포 군단을 구성하여 현장에서 수많은 전투 경험을 쌓은 후였다. 조선의 방어군은 상대가 될 수 없었다.

일본에 총이 들어온 것은 1543년이었다. 그해 8월 25일 새벽 규슈 지방의 남단인 가고시마 현의 서남쪽에 위치한 타네가시마(種子島, 현재 일본 우주 발사 기지가 소재, 가고시마 시에서 쾌속선 '토피'를 타고 2시간 걸림)라는 섬에서 난파된 포르투갈 선박이 발견되었다. 당시 배 안의 상인들은 화승총을 가지고 있었다. 타네가시마 영주는 포르투갈 상인에게 총과 똑같은 무게의 은(현재 가치로 약 10억 원)을 주고 총을 어렵게 입수한 후, 와카사若狹라는 대장장이에게 똑같은 총을 제작하도록 주문했다.

그러나 대장장이가 제작한 총은 총신의 뒤가 허술하여 성능이 신통치 않았다. 포르투갈 상인은 그 해결책을 좀처럼 가르쳐 주지 않았다. 마침 포르투갈 상인이 대장장이의 딸인 와카사若狹를 탐내자 대장장이는 둘을 결혼시켰다. 딸 와카사는 포르투갈 어를 배워 남편으로부터 비법을 알아냈다. 그렇게 해서 일본판 조총이 탄생하게 되었다. 지금도 일본인들은 소녀가 총을 품고 있는 인형을 만들어 그 뜻을 기리고 있다.

그로부터 110년 후 조선에도 네덜란드 동인도 회사 소속의 선원, 하멜 일행(64명, 1653. 8. 16)이 제주도를 통해 들어오게 되나, 지방 및 중앙 정부에서는 이들의 과학 기술 등 선진 문물을 전혀 도입할 생각을 하지 않았다. 그러나 130여 년 전에 노부나가는 선교사 등을 통해 서양의 앞선 문물을 수입하면서 국내의 제도 개혁에 응용하고 있었던 것이다.

존만지로 John萬次郎

존만지로(John萬次郎, 본명 나카하마 만지로/中浜萬次郎)는 14세 때 고기잡이를 나갔다가 거센 풍랑을 만나 태평양상의 섬에 표류하게 되는데, 마침 그곳을 지나가던 포경선에 구출되어 미국으로 가게 된다.

그 곳에서 10년 동안 초등학교에서부터 고등학교까지 다니며 수학·항해술 등을 배운 후 1852년 10월 고향인 도사 번으로 돌아온다. 그 후 일본이 미국과 통상 교섭 때 통역을 담당함으로써 초기의 미일관계 발전에 공헌했던 인물이다.

참고로 일본 국제 협력기금(JICA)은 2009년 5월부터 존만지로가 미국에서

머물렀던 메사추세츠 주 항구도시 페어헤븐에 있는 가옥을 사들여 기념관
으로 개관하였다.

주자학 – 조선 주자학의 일본 전래

임진왜란으로 도자기와 더불어 일본 사회에 큰 영향을 미쳤던 것이 주자
학이라고 할 수 있다. 일본은 전국 시대를 맞아 강자만이 생존하는 하극상
의 풍조가 만연해 있었는데, 도쿠가와 이에야스를 개조로 하는 에도막부(江
戶幕府, 1603~1867) 시대에는 새로운 통치 질서가 필요하게 되었다. 이때 이에
야스는 조선으로부터 전래된 주자학을 통치 철학으로 삼았다.

일본에서 주자학은 임진왜란 이전 가마쿠라(鎌倉, 1192~1333) 시대에 승려들
사이에서 연구되기는 하였어도 학문으로서 자리 잡지는 못하고 있었다. 그
러던 차에 조선의 주자학자인 강항(姜沆 1567~1618)이라는 전라도 영광 출신의
양반이 포로로 잡혀왔다. 강항으로부터 주자학을 배운 선승禪僧인 후지와라
세이카藤原惺窩가 환속한 후 이를 발전시켜 쇼군인 도쿠가와 이에야스에게
초대되어 강의를 했다.

에도막부를 개창한 이에야스는 새로운 질서를 만드는데 최적의 학문으
로 주자학을 선정하고 선정하고 통치 이념으로 삼는다. 이후 후지와라 세
이카가 추천한 자신의 젊은 제자인 하야시 라잔(林羅山, 1583~1657)을 등용하여
막부의 어용 학문으로 자리매김시켰다.

하야시 라잔의 자손이 막부가 설립한 관학昌平坂學問所을 관장하면서 막부
신하의 자제들을 대상으로 유학을 가르쳤으며 각 번藩에는 번교(한코우, 藩校)
를 설치하고 학자를 초빙해 지방 자제들을 교육시켰다. 이와 같이 강항이
전한 조선의 성리학이 에도막부의 정치 · 사회 체제를 지탱하는 정통 사상
이 된 것이다.

에도 시대에 지배 계층으로부터 주자학이 도입되면서, 당시 신하가 주군
을 배반하고 형제간 골육 상잔의 하극상 풍조는 점차 사라지게 되었다.

현대 일본 사회에서 연공 서열제가 기업 문화로 이어지고 원로 정치가 뿌리를 내리고 있는 것은 270여 년간의 에도막부 시대에 마련된 주자학의 사상적 영향이 크다고 할 것이다.

하멜 표류기

350년 전 조선을 유럽에 처음으로 알린 『하멜표류기』에 얽힌 일화를 통해 일본의 에도막부 시대에 우리나라는 서양 문물을 어떻게 접했는지 알 수 있다.

1653년 8월 16일 동인도 회사 소속 무역선 스페르베르 호를 타고 나가사키로 가던 네덜란드 선원 하멜 등 64명이 제주도 해상 인근에서 풍랑을 만나 침몰하는 바람에 28명이 숨지고 36명이 살아남아 제주도 해안에 도착한다.

우리나라는 배청 숭명(排淸崇明) 사상과 쇄국 정책을 펴고 있던 효종 시대였는데 조정에서는 네덜란드 인들을 과학 기술 개발이나 정치·사회 제도 개선에 활용하지 않고 국왕 및 대신들의 어가 행렬에 이용하거나 고관들의 잔칫상에 불러 광대역을 시켰다.

당시 네덜란드는 3만 4,000척의 상선을 보유한 해상 대국으로서 아메리카·아프리카·동남아 등지를 누비고 다녔으며 암스테르담은 세계 무역의 중심지였다.

13년 동안 억류되었던 하멜 일행 중 15명은 전라도 여수항을 통해 일본으로 도망(1666년 9월)가서 나가사키 항의 데지마로 돌아가는데 그 때까지 우리는 하멜 일행이 어느 나라에서 온 사람인지조차 몰랐다. 이들을 취조한 일본 정부가 보내온 외교 서한을 접한 후 그들이 네덜란드 인이라는 사실을 알게 된다.

일본 정부의 관료는 하멜 일행을 철저하게 조사하여 조선의 군사·교통·지리·산업·문화 전반에 걸친 상세한 정보를 며칠 만에 얻어내는데, 당시의 취조 내용이 오늘날의 내용과 별반 다름이 없었다.(나가사키의 관리는 하멜 일행에 대해 54개 항목에 달하는 체계적인 질문으로 조선이 알아내지 못한 것을 하루 만에 파악할 정도였다고 하는데, 당시 한일 간의 국제화 수준 등 국가 경쟁력의 차이를 느낄 수 있다.)

나중에 조선 말기에 들어와서 재야의 일부 지식인들 간에 청나라에서 입수한 서적을 통해 자생적으로 이방인을 인식하고 교류의 필요성을 주장하는 실학이라는 인식 전환이 생겨나지만, 그것은 하멜이 표류한 지 100년이 지난 후의 일이었다.

혼노지의 모반(本能寺의 變)

1582년 48세에 천하 통일의 실현을 한 발 앞두고 심복 부하였던 아케치 미츠히데明智光秀의 모반에 의해 노부나가의 꿈은 교토의 혼노지本能寺에서 접을 수밖에 없었다. 노부나가의 냉혹함의 결과가 심복의 모반을 가져오게 했다는 것이 혼노지 사건의 배경이었다.

노부나가는 1582년 4월 다케다 가家를 멸망시킨 것에 대한 노고를 위로하기 위해 간토우關東 지방에서 고생이 많았던 도쿠가와 이에야스德川家康를 아츠지 성으로 초대했다. 이때 아케치 미츠히데에게 위로 행사의 주관을 맡겼다.

미츠히데는 이에야스가 머무를 장소가 다이호 사寺로 정해지자, 그곳을 주군 노부나가가 거처하는 곳에 뒤지지 않을 정도로 신경을 써서 호화롭게 치장했다. 그 후 노부나가가 사전 점검 차 들르게 되는데, 이에야스가 유숙할 장소를 지나치게 신경을 써서 치장하고 있음을 알고 미츠히데에게 버럭 화를 냈다. 대머리인 미츠히데의 얼굴을 때리면서 인간적인 모욕까지 주었다. 결국 행사 주관을 다른 사람에게 넘기고 노부나가는 미츠히데에게 치욕적인 명령을 내린다.

영지의 군사를 이끌고 서쪽의 주코쿠中國 지방에서 모리毛利 가家와 5년 동안이나 싸우고 있는 히데요시의 주코쿠 원정군中國遠征軍을 지원하라는 출정 명령이었다. 이는 동료이자 경쟁 관계인 히데요시의 휘하에 들어가서 그의 지시를 받으라는 것이었다. 엘리트 의식이 매우 강했던 미츠히데로서는 좌천 인사에 대한 불만이 폭발할 수밖에 없었을 것이다.

미츠히데는 노부나가의 미움을 두려워하는 한편, 신임을 회복하기 어렵다고 판단하고, 동년 6월 2일 새벽 주코쿠 출정군으로 편성된 1만 3,000명의 병력을 데리고 노부나가가 투숙하고 있던 교토의 혼노지本能寺를 급습했다. 500명의 친위 부대 밖에 두지 않았던 노부나가는 자신이 자주 말했던 인생 50년이면 족하다는 생을 채우지도 못한 채 49세의 나이로 삶을 마감했다.

그 때 노부나가는 장남인 노부타다信忠가 정변을 일으킨 것으로 의심했다고 한다. 부자지간에도 믿을 수 없던 시대였다. 장인이자 미노美濃 지방의 살무사로 불리던 사이토 도산齊藤道三도 아들 요시타츠齊藤義龍에게 모반을 당해 나가라가와 전투에서 살해당한 시대였다. 노부나가의 장남 노부타다도 결국 교토의 니조 성二條城에서 장렬히 싸우다 죽었다.

내세를 믿지 않는 허무주의적 인생관을 가지고 있던 노부나가는 가끔 "인생 50년 천하 만물과 비교하면 덧없는 꿈과 같은 것, 한번 생을 얻어 멸하지 않은 자者, 이 세상에 과연 존재하겠는가."라는 시를 읊으면서 춤을 추곤 했다.

아케치 미츠히데가 주군 노부나가를 배신한 것은 그동안 맺힌 원한에 의한 것이라는 설이 많다. 노부나가는 주연에서 술을 못 먹는 미츠히데에게 술을 마시지 않으려면 창을 씹어 먹으라고 구박을 주기도 하고, 미츠히데가 말대답을 했다고 발로 차고 그의 상투를 붙잡고 "이 굴대가리 녀석"이라고 하면서 대머리를 난간에 찍었다는 이야기 등이 전해오고 있다.

일본에서는 이 사건을 계기로 '적은 외부가 아닌 내부에 있다.'는 속담이 생겨났으며, 오늘날의 명망 있는 기업들도 내부 직원의 고발에 의해 하루아침에 공들여 쌓은 신뢰가 무너지는 경우가 있는 것을 볼 때, 옛날이나 지금이나 크게 다르지 않음을 알 수 있다.

150여 년 전 일본을 개항시킨 미국 태평양 함대 사령관 페리 제독은 함장실에 700여 권 이상의 일본 관련 서적 등을 구비하고 틈나는 대로 탐독하면서 장래 에도막부 관료와의 접촉에 대비했다고 한다.

요즘 들어 한일 관계에서 첨예하게 대립되고 있는 사안이라면 역사 인식 문제를 비롯하여 독도 영유권 갈등과 야스쿠니 신사 참배 등을 들 수 있다.

일본 측에 의해 이런 사안이 발생할 때마다 우리나라는 전 국민이 하나가 되어 뜨겁게 일본을 성토하다가도 시간이 지나면 분노는 사그라지고 잠잠해진다.

반면, 일본은 우리 측에 대해 애써 무대응으로 일관하면서도 한 걸음 한 걸음 국제 사회에서 영유권 문제 등을 쟁점화하고 자기들만의 논리를 전개하면서 지지 분위기를 확산시켜 나가거나 제2차 세계 대전의 전쟁 책임을 희석시키고 있는 게 현실이다.

최근 동아시아는 중국과 인도의 고도 성장으로 국제 정치적 지형이 크게 변화하고 있다. 20세기까지는 미국이 역내 안보를 책임지는 가운데 일본은 통상과 경제에만 신경을 쓰면서 국부를 증대시켜 왔으나, 21세기에 들어와서 일본 기업들의 독무대였던 아시아는 중국 및 한국 기업 등에 의해 침식당하고 있다. 전후 60년 동안 자민당 지배 체제를 유지해 온 집권 여당의 정치적 불안정성을 감안하고 에너지 자원에 대한 위기 의식의 고조와 미국 측의 국제 사회에서 적극적인 역할 주문 등이 복합적으로 작용한 결과, 일본은 전후 정치의 결산에 이어 보통 국가화 및 국제 사회에서 역할 증대론 등을 제기하면서 점차 보수 우경화의 목소리를 높이고 있는 게 현실이다.

향후 아시아 역내에서 일본은 북한 핵문제 대응과 함께 중국과의 이니셔티브 다툼·에너지 자원의 안정 확보를 위한 영유권 분쟁 및 경제적 실익 차원에서의 각종 통상 마찰 등을 빈번히 제기할 것으로 예상되는 가운데, 일본 사회의 보수 우경화의 파고는 점점 더 높아질 것으로 보인다.

이 책에서 언급한 바 있듯이, 요시다 쇼인吉田松陰으로부터 잉태한 부국 강병과 대륙 진출 등 팽창주의로 대표되는 보수 우익 성향은 메이지 유신이란 혁명에 성공한 제자들에 의해 중앙 집권 국가를 구축한 후 정한론을 표방하며 조선을 식민지화하기에 이르고, 제2차 세계 대전을 주도한 군부는 일본과 한반도·만주·중국 및 동남 아시아 제국을 포함한 대동아 공영권을 제창한다.

당시 대동아 공영권의 주창 배경에는 미국의 금수禁輸조치로 인해 자원 공급지이자 공산품 시장으로서 아시아 전역을 일본 본토의 경제권에 편입시켜 자급 자족의 경제 블록을 형성하려는 의도가 있었으며, 급기야 일본의 대륙 및 동남 아시아 진출을 정당화하는 사상으로 발전한다. 과거의 이러한 역사성을 무시한 채 미래의 일본을 예측할 수는 없을 것이다.

일본에 대한 접근 방법에는 여러 가지의 경로가 있을 것이다.

필자의 경우 케네디 대통령이 언급했던 우에스기 요잔上杉鷹山에 대한 풍부한 지식과 같이, 당시 시대를 규정하고 역사를 새롭게 쓰게 했던 12명의 지도자적 인물들을 중심으로 일본의 과거와 현재를 알고자 했으며, 금후 나아갈 방향을 가늠해 보려고 하였다.

특히, 비즈니스 현장에서 고생하는 기업 CEO들에게 최근 들어 불확실성이 더욱 높아진 대내외적 경영 환경에서 각종 전략을 수립하고 효율적으로 조직을 운영하는 데 모티브를 제공하였으면 하는 바람이다.

최근 한일 관계는 금융 위기에 따른 경제적 어려움을 함께 헤쳐 나가려는 공감대가 조성되고 있다. 앞으로 양국 간의 물적·인적 교류의 확대와 더불어 세계 경제·사회의 글로벌화 진전으로 좋든 싫든 교류의 폭은 넓어지고 그 깊이는 심화되어 갈 것이다.

이런 방향에서 필자가 선정한 12명의 일본인의 행적이 비즈니스 현장에서 고생하는 경영인들에게 고독한 의사 결정을 내려야만 하는 경우, 작으나마 도움이 되기를 기대하며, 아울러 일본에 대해 좀더 알고자 하는 독자 여러분들에게는 견문을 넓히는 계기가 되었으면 하는 바람이다.

2009년 盛夏의 길목에서

KI 신서 1938

CEO가 알아야 할 일본인 12명

1판 1쇄 인쇄 2009년 6월 1일
1판 1쇄 발행 2009년 6월 7일

글 노대현   **그림** 최서영   **펴낸이** 김영곤   **펴낸곳** (주) 북이십일 21세기북스
편집 최인수   **표지디자인** 씨디자인   **본문디자인** 이유진, 다우
마케팅 · 영업 주명석, 최창규, 허성원, 이경희, 이종률, 서재필
출판등록 2000년 5월 6일 제10-1965호
주소 (우413-756)경기도 파주시 교하읍 문발리 파주출판단지 518-3
대표전화 031-955-2100   **팩스** 031-955-2151   **이메일** book21@book21.co.kr
홈페이지 www.book21.co.kr   **커뮤니티** blog.naver.com/fightingbook

ISBN : 978-89-509-1987-2   03320
책값은 뒤표지에 있습니다.